AF546721

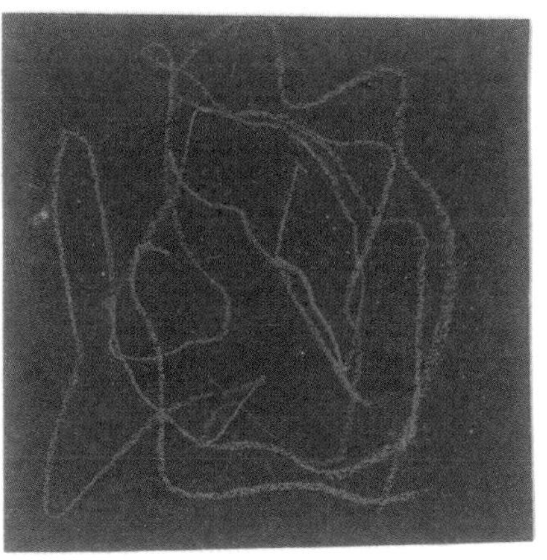

Kasimir Malewitsch hatte viele Schüler. Wir laden dich ein, dich ihnen anzuschließen!
Malewitschs Ideen sind so ungewöhnlich und relevant, dass man sich kaum vorstellen kann, dass er sie vor mehr als 100 Jahren erdacht hat. Sie inspirieren dazu, unvoreingenommen zu denken, die Welt aus einem neuen, unerwarteten Blickwinkel zu betrachten, mutig und frei zu schaffen. Es gibt viele Stellen in diesem Buch, an denen du selbst kreativ sein kannst: Zeichne, male und erfinde. Hab also keine Angst, die Seiten zu bemalen! Scheu dich nicht, etwas so frei zu tun wie Malewitsch!

Oksana Sadowenko

Gemeinsam schaffen wir einen Raum der Liebe und des Wissens für unsere Kinder.

Oleg Symonenko

Oksana Sadovenko

MALEWITSCH UND DU

Aus dem Ukrainischen übersetzt von Roman Osadchuk

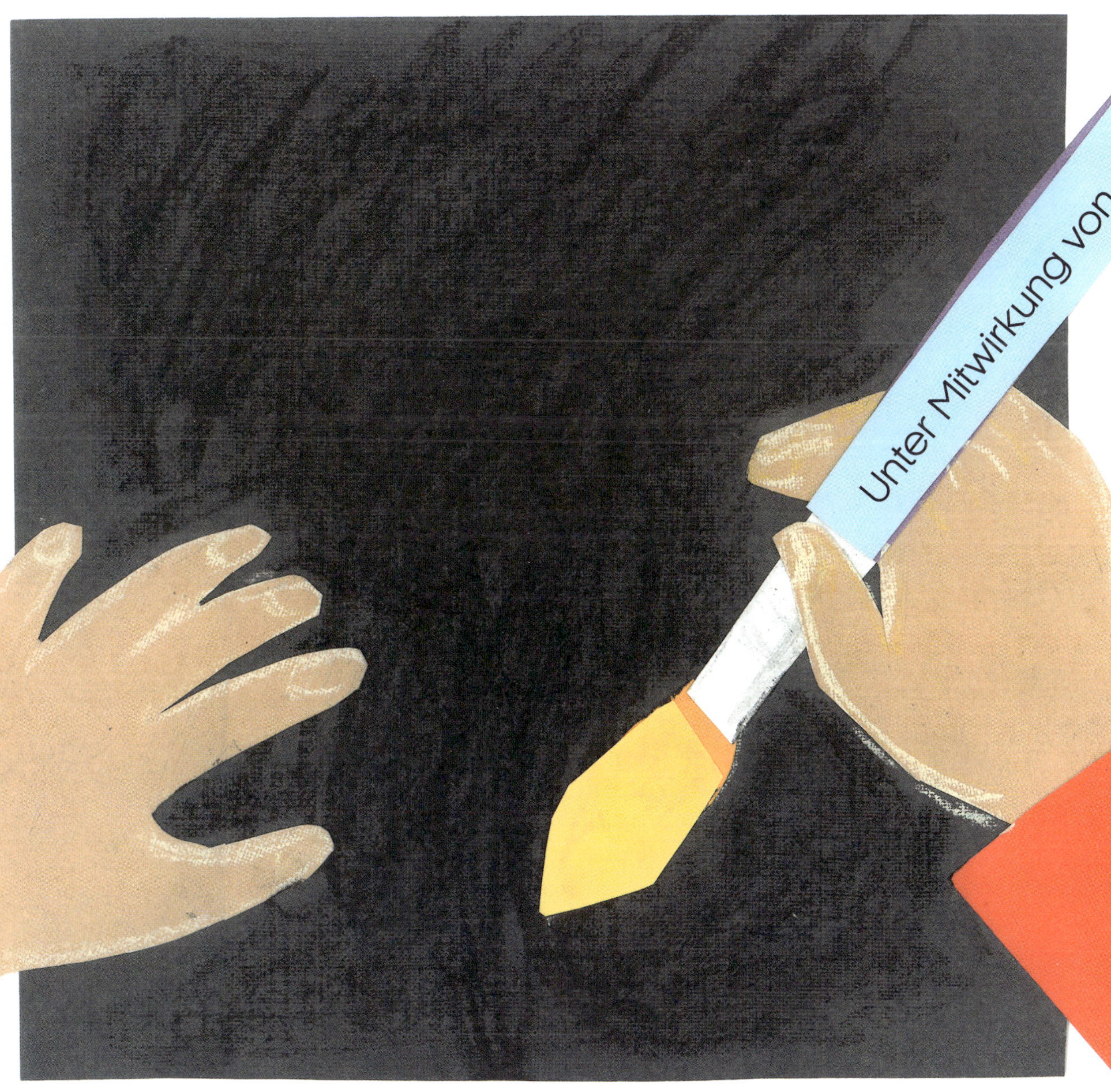

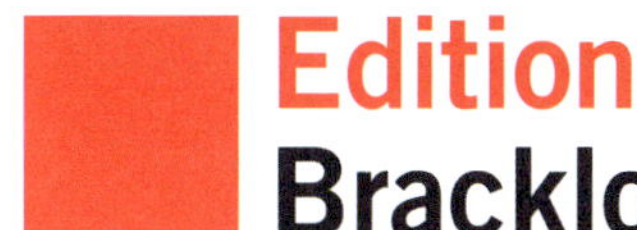
Edition Bracklo

In diesem Buch lernst du die Gemälde und Ideen des großen Künstlers kennen!

Kasimir Malewitsch
(1879–1935)

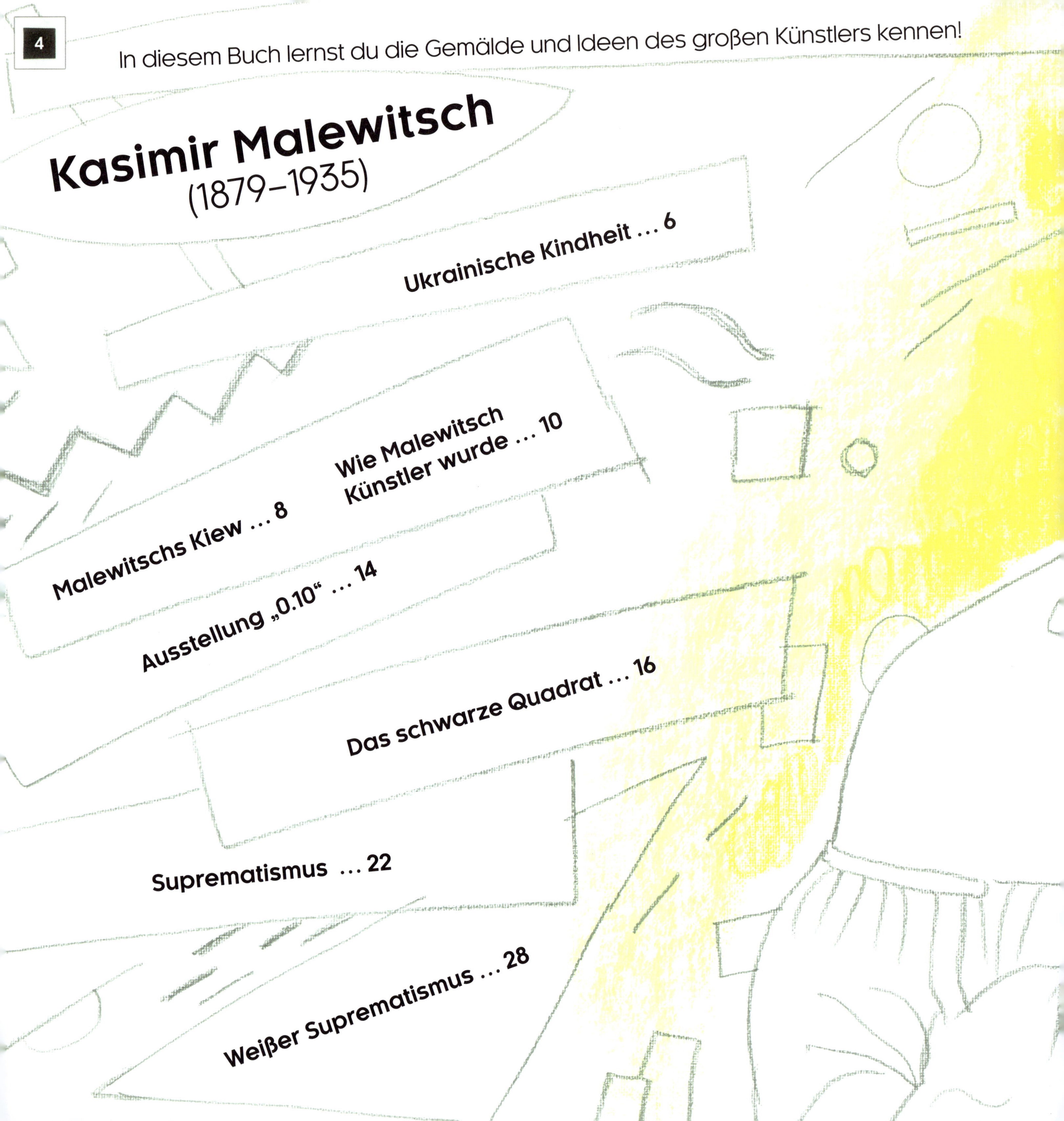

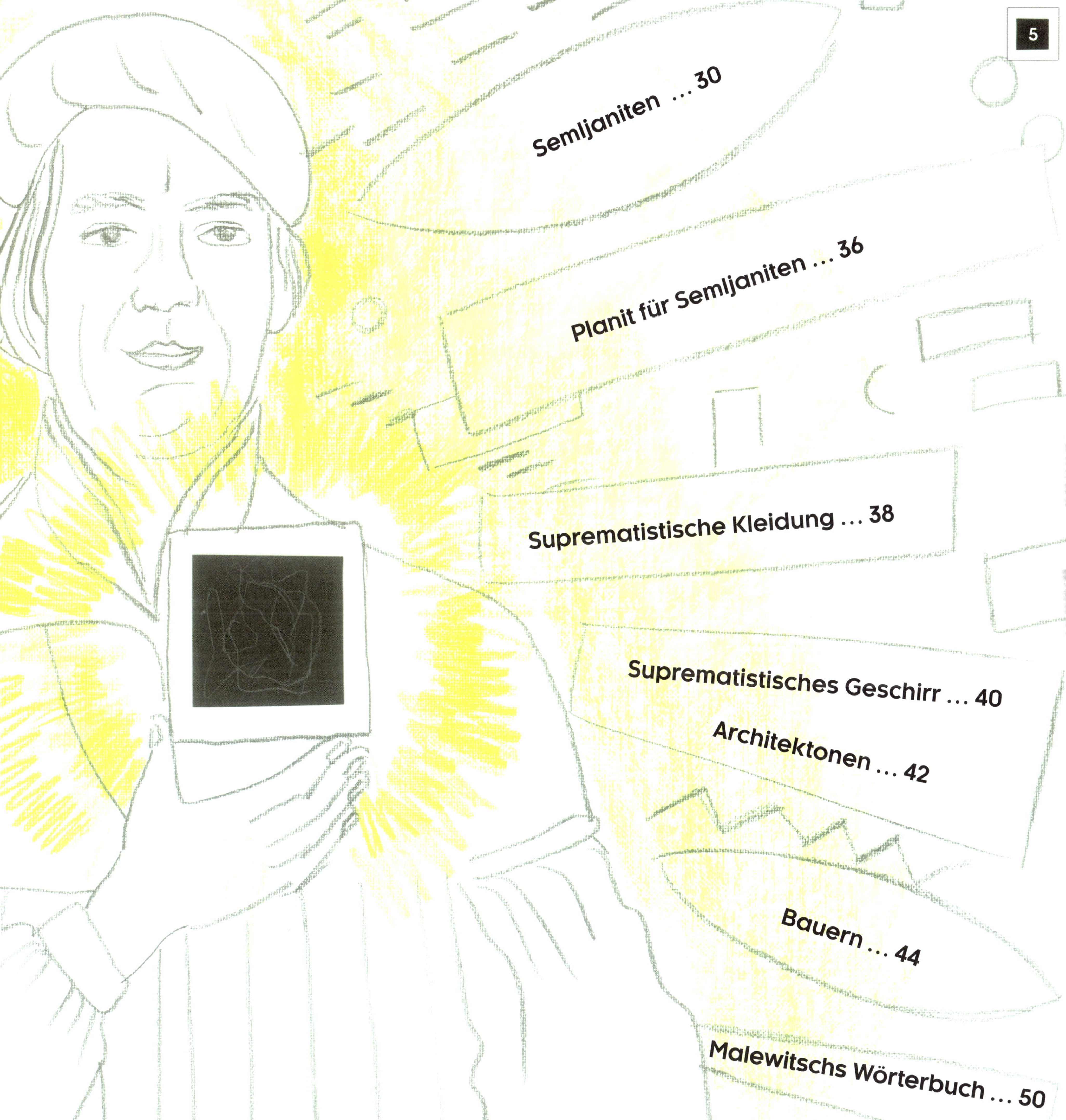

UKRAINISCHE

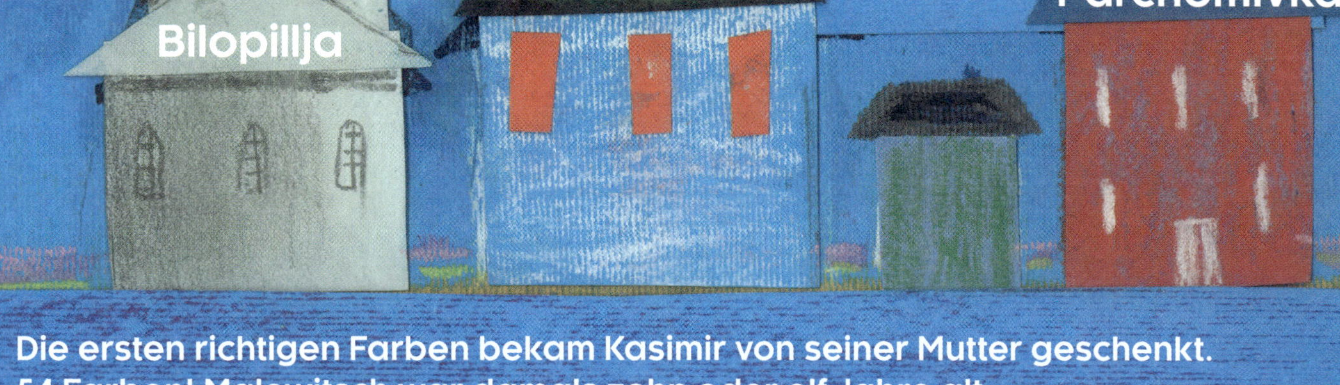

Die ersten richtigen Farben bekam Kasimir von seiner Mutter geschenkt. 54 Farben! Malewitsch war damals zehn oder elf Jahre alt. Bis dahin hatte er Farben noch selbst nach Rezepten der Künstler im Dorf angefertigt. Was denkst du? Woraus kann man Farben selbst herstellen? Und welche Farben hast du?

Rübenfelder

Der Vater
Severin Malewitsch
Er arbeitete als Verwalter und Ingenieur in Zuckerfabriken. Er zog von einer Fabrik zur anderen, gefolgt von der Familie, die mit ihm quer durch die Ukraine reiste.

Kasimir
Der älteste Sohn, der Erstgeborene. Er hatte 4 Brüder und 4 Schwestern.

Severina

Antonius

Kasimir Malewitschs Eltern waren Polen. Zu Hause sprachen alle sowohl Polnisch, als auch Ukrainisch.

KINDHEIT

(1879–1897)

Malewitsch wurde in Kiew geboren, wuchs aber auf dem Dorf auf.

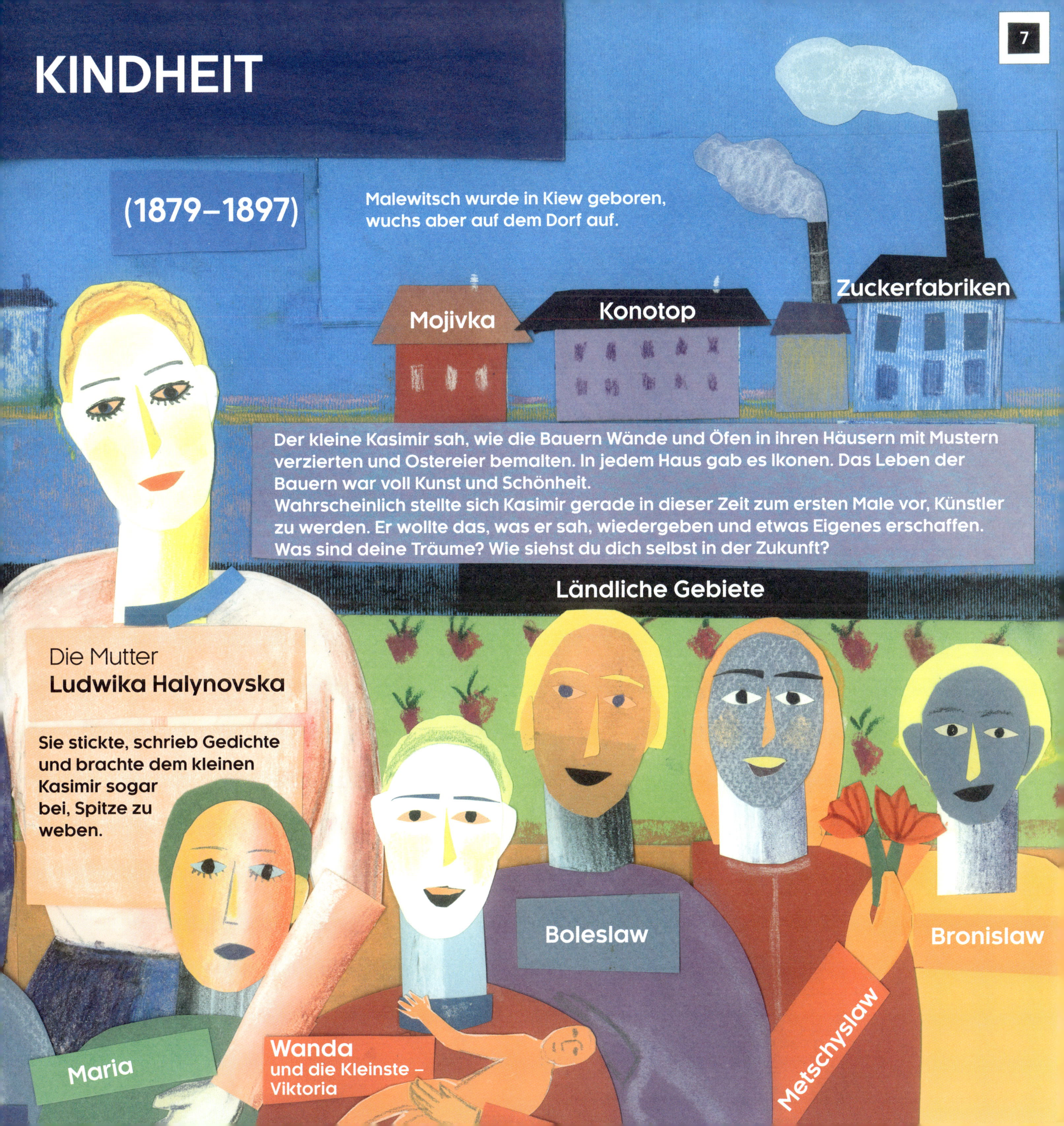

Mojivka

Konotop

Zuckerfabriken

Der kleine Kasimir sah, wie die Bauern Wände und Öfen in ihren Häusern mit Mustern verzierten und Ostereier bemalten. In jedem Haus gab es Ikonen. Das Leben der Bauern war voll Kunst und Schönheit.
Wahrscheinlich stellte sich Kasimir gerade in dieser Zeit zum ersten Male vor, Künstler zu werden. Er wollte das, was er sah, wiedergeben und etwas Eigenes erschaffen. Was sind deine Träume? Wie siehst du dich selbst in der Zukunft?

Ländliche Gebiete

Die Mutter
Ludwika Halynovska

Sie stickte, schrieb Gedichte und brachte dem kleinen Kasimir sogar bei, Spitze zu weben.

Boleslaw

Bronislaw

Metschyslaw

Maria

Wanda
und die Kleinste – Viktoria

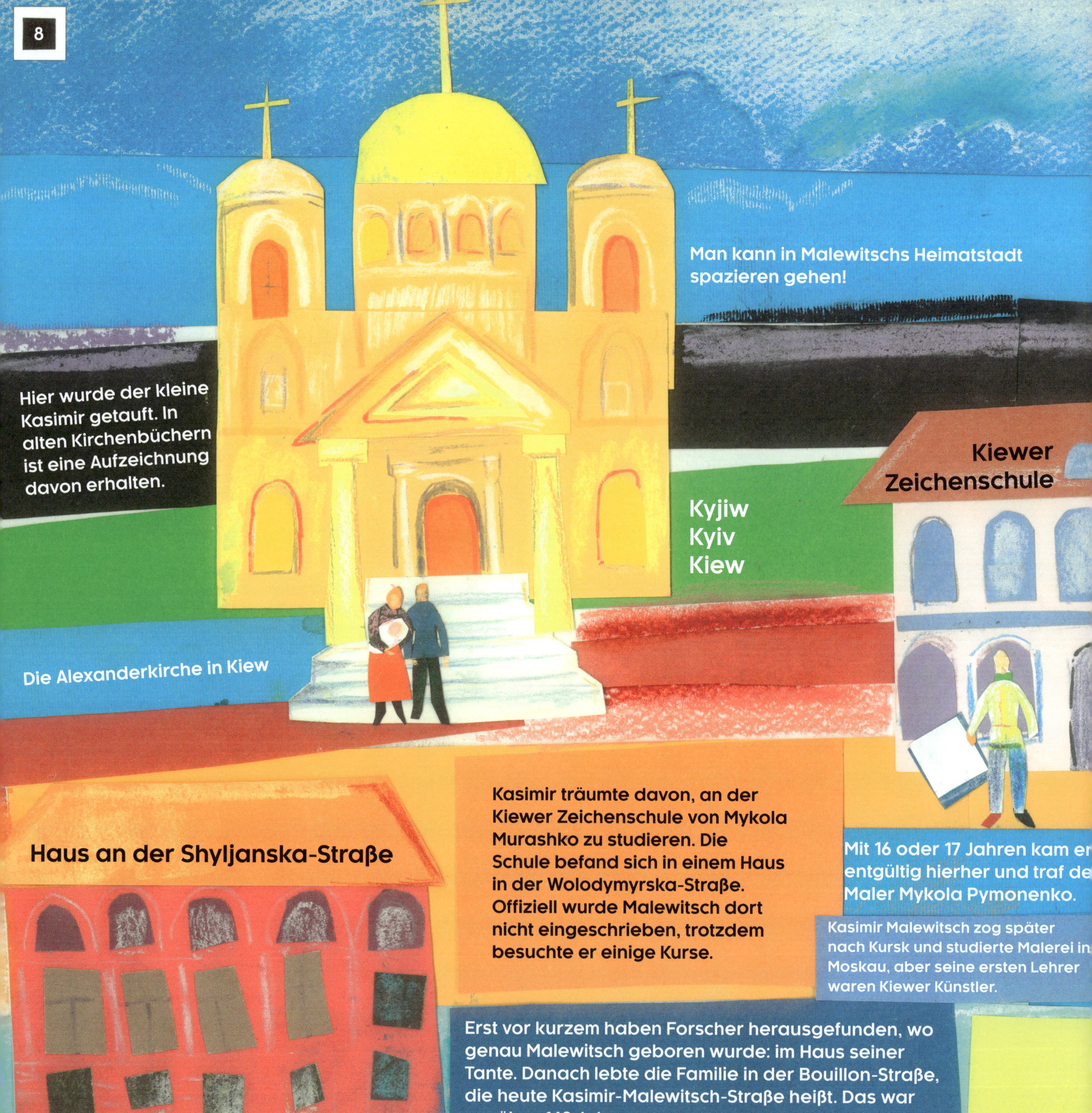

Man kann in Malewitschs Heimatstadt spazieren gehen!

Hier wurde der kleine Kasimir getauft. In alten Kirchenbüchern ist eine Aufzeichnung davon erhalten.

Die Alexanderkirche in Kiew

Kasimir träumte davon, an der Kiewer Zeichenschule von Mykola Murashko zu studieren. Die Schule befand sich in einem Haus in der Wolodymyrska-Straße. Offiziell wurde Malewitsch dort nicht eingeschrieben, trotzdem besuchte er einige Kurse.

Mit 16 oder 17 Jahren kam er entgültig hierher und traf de Maler Mykola Pymonenko.

Kasimir Malewitsch zog später nach Kursk und studierte Malerei in Moskau, aber seine ersten Lehrer waren Kiewer Künstler.

Erst vor kurzem haben Forscher herausgefunden, wo genau Malewitsch geboren wurde: im Haus seiner Tante. Danach lebte die Familie in der Bouillon-Straße, die heute Kasimir-Malewitsch-Straße heißt. Das war vor über 140 Jahren.

MALEWITSCHS KIEW

Der weltberühmte Künstler wurde in Kiew geboren. Für Ihn ist Kiew eine sehr wichtige Stadt. dort gibt es viele Orte, die mit seinem Leben verbunden sind.

Malewitsch malte Kiew und ging an den Stadtrand, um Skizzen zu machen, insbesondere nach Swjiatoschyn, das damals noch ein Dorf war.

Swjiatoschyn

Dort malte er ein Bild: Es war ein buntes Haus im Stil des Impressionismus.

Es gab hier eine große eigene Ausstellung von Malewitsch – mehr als 50 Gemälde und Architektonen! Es war ein Ereignis für ganz Kiew. Viele Menschen besuchten die Ausstellung!

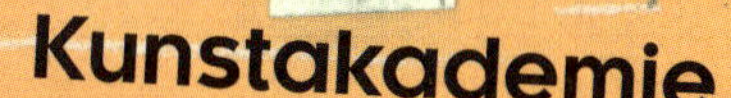

Kiewer Kunstgalerie

Kasimir Malewitsch arbeitete 1929–1930 in Kiew. Damals war er bereits ein bekannter Künstler und hielt Vorlesungen für Studenten des Kiewer Kunstinstituts. Könnt ihr euch das vorstellen? Das ist gar nicht mehr so schwer, denn vor kurzem hat man die Zusammenfassungen seiner Vorträge gefunden und jetzt können wir sie lesen.

1895–96

Er lebte in Konotop, besuchte Kiew aber regelmäßig. Hier in Konotop malte er die ersten Gemälde, die in einem örtlichen Geschäft verkauft wurden. Er träumte davon, Künstler zu werden, besuchte die Kiewer Zeichenschule und lernte dort den Maler Mykola Pymonenko kennen.

Impressionismus

1897

Er zog nach Russland in die Stadt Kursk, wo er Freunde fand, die sich auch für Malerei interessierten. Zusammen mit ihnen ging er zum Malen in die Natur und arbeitete hart daran, Schatten, Licht und Farbe wiederzugeben. Malewitsch war fasziniert von Claude Monets Gemälden. In dieser Zeit malte er seine eigenen Werke im Stile des Impressionismus.

Claude Monet war ein Lieblingskünstler von Malewitsch.

1906

Mehrmals versuchte er, in eine Kunstschule in Moskau einzutreten, aber drei Jahre hintereinander wurde er nicht aufgenommen. Er begann sein Studium im Atelier des Künstlers Fjodor Rerberg, wo es viele Studenten aus der Ukraine gab. Seine Malerei in dieser Zeit ist geprägt von Symbolismus und Moderne. Der Stil seines Lehrers ist bei ihm noch deutlich spürbar.

Primitivismus

1909

Er interessierte sich für die Malerei von Paul Cézanne und wurde ein wahrer „Cézannist“: Er verwendete komplexe grüne und blaue Farben und achtete auf die Geometrisierung von Formen.

Kasimir Malevitsch interessierte sich für alles und hatte keine Angst, die neuesten Entdeckungen in der Kunst anzuwenden und zu experimentieren. So erfand er sogar seine eigene Kunstrichtung!

1910

Er freundete sich mit anderen Künstlern an und nahm an Ausstellungen teil. Er studierte den Stil von Henri Matisse, den Fauvismus – leuchtende wilde Farben, etwas raue Formen – und den Primitivismus. Er studierte den Kubismus, die Werke von Pablo Picasso und schuf kubistische Gemälde. Das sah so aus, als ob ein Objekt auf dem Bild in viele geometrische Teile zerlegt und dann auf seltsame Weise wieder zusammengesetzt wurde.

Kubismus

Fauvismus

Selbstporträt

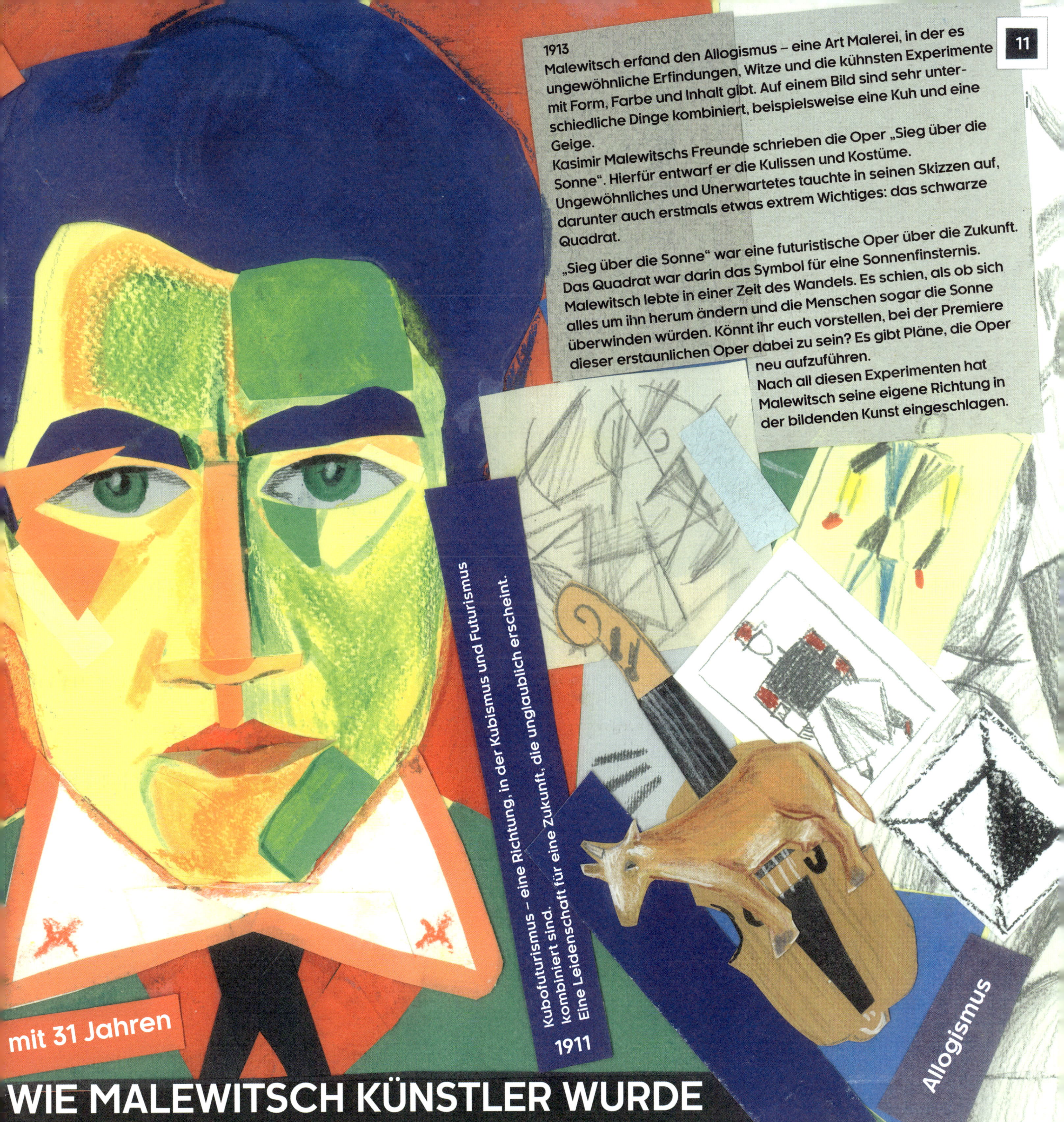

1913
Malewitsch erfand den Allogismus – eine Art Malerei, in der es ungewöhnliche Erfindungen, Witze und die kühnsten Experimente mit Form, Farbe und Inhalt gibt. Auf einem Bild sind sehr unterschiedliche Dinge kombiniert, beispielsweise eine Kuh und eine Geige.
Kasimir Malewitschs Freunde schrieben die Oper „Sieg über die Sonne". Hierfür entwarf er die Kulissen und Kostüme. Ungewöhnliches und Unerwartetes tauchte in seinen Skizzen auf, darunter auch erstmals etwas extrem Wichtiges: das schwarze Quadrat.

„Sieg über die Sonne" war eine futuristische Oper über die Zukunft. Das Quadrat war darin das Symbol für eine Sonnenfinsternis. Malewitsch lebte in einer Zeit des Wandels. Es schien, als ob sich alles um ihn herum ändern und die Menschen sogar die Sonne überwinden würden. Könnt ihr euch vorstellen, bei der Premiere dieser erstaunlichen Oper dabei zu sein? Es gibt Pläne, die Oper neu aufzuführen.
Nach all diesen Experimenten hat Malewitsch seine eigene Richtung in der bildenden Kunst eingeschlagen.

1911
Kubofuturismus – eine Richtung, in der Kubismus und Futurismus kombiniert sind.
Eine Leidenschaft für eine Zukunft, die unglaublich erscheint.

Allogismus

mit 31 Jahren

WIE MALEWITSCH KÜNSTLER WURDE

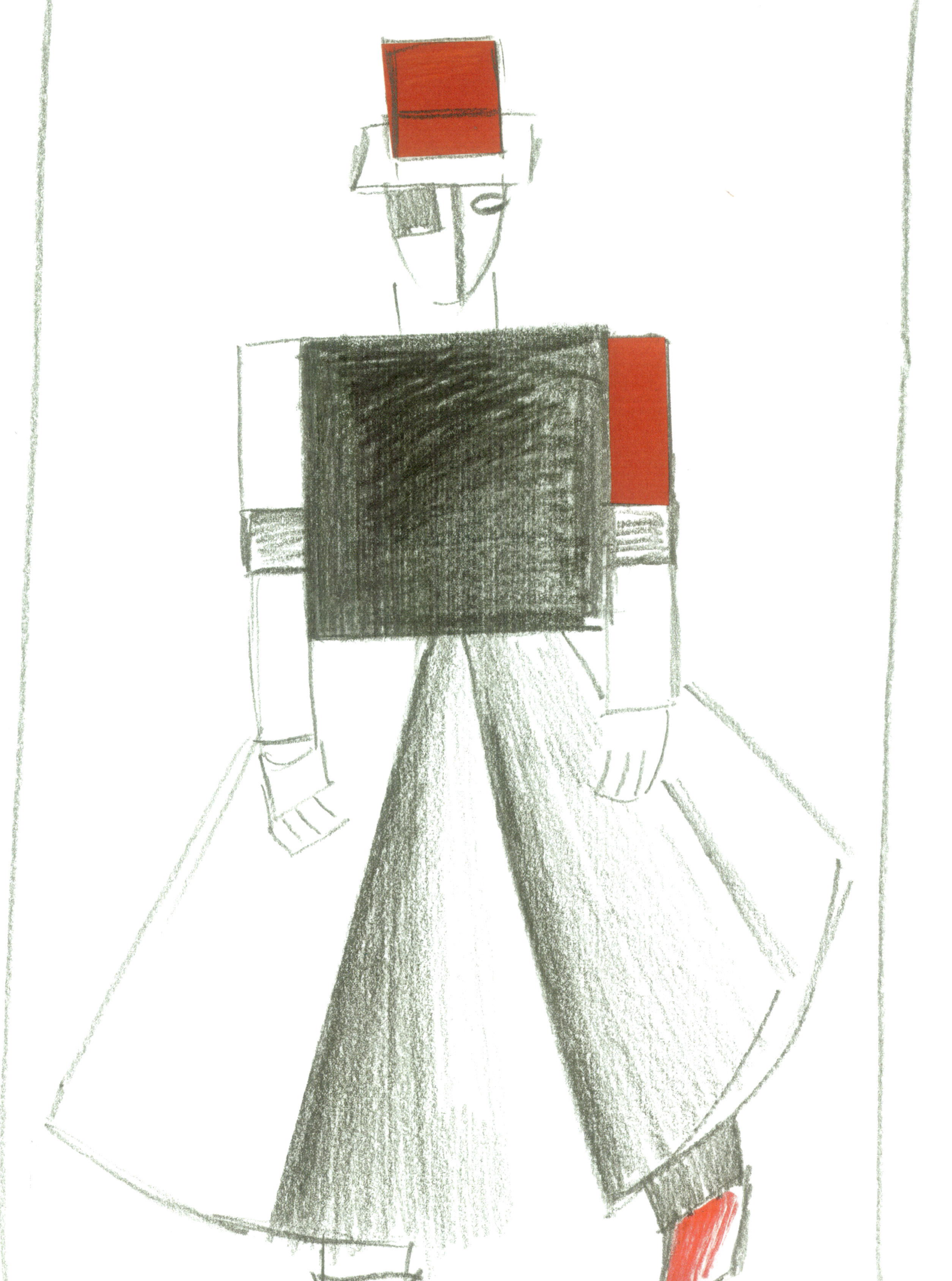

Vervollständige das Kostüm dieser Figur für die Oper „Sieg über die Sonne“.

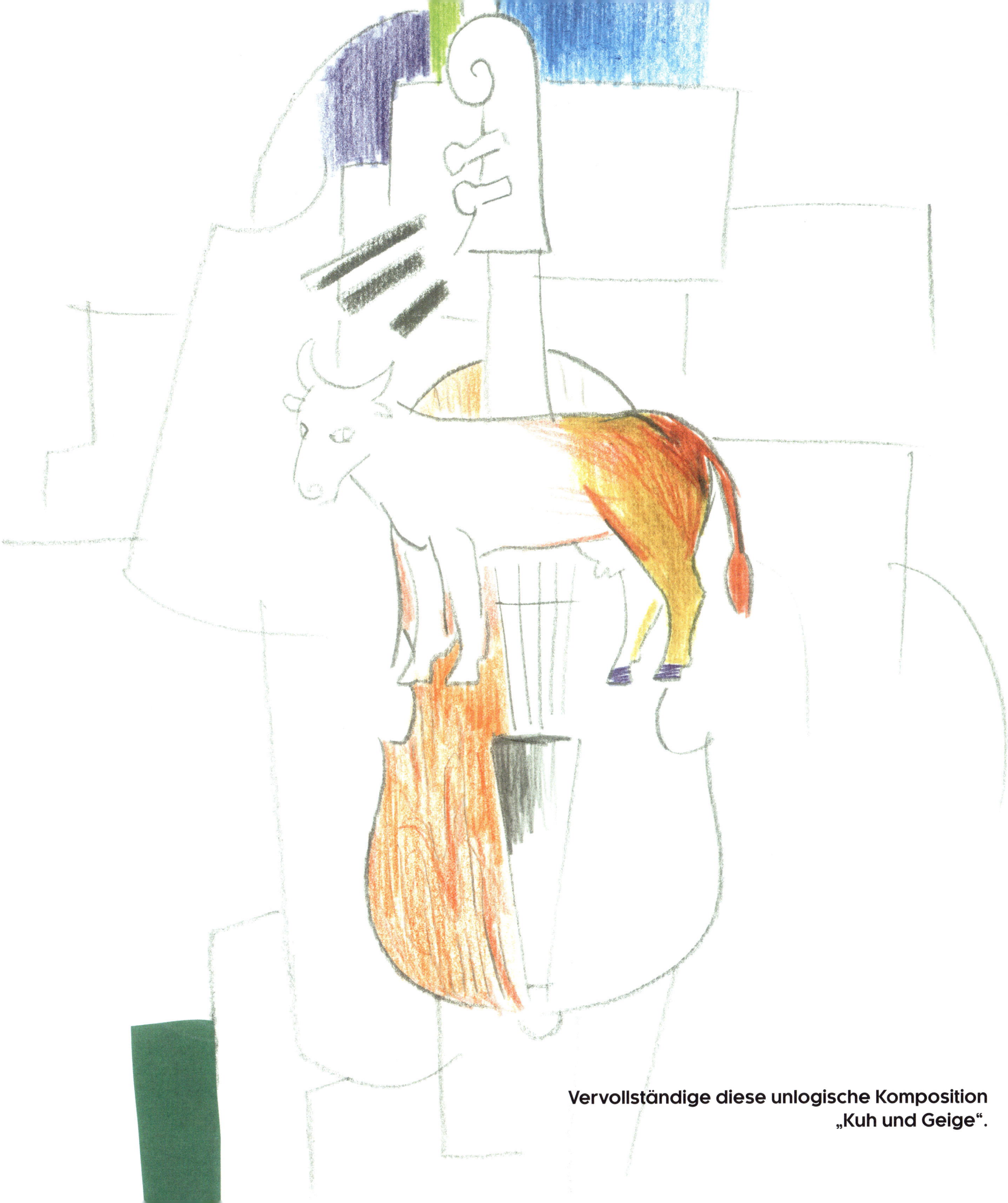

Vervollständige diese unlogische Komposition „Kuh und Geige“.

AUSSTELLUNG „0.10“

Vor der Ausstellung erzählte Malewitsch niemandem, was genau er vorbereitet hatte. Selbst Freunde wussten nicht, was er ausstellen würde. Seine neuen Bilder sah man erst, als der Künstler sie vor der Ausstellungseröffnung selbst aufhängte.

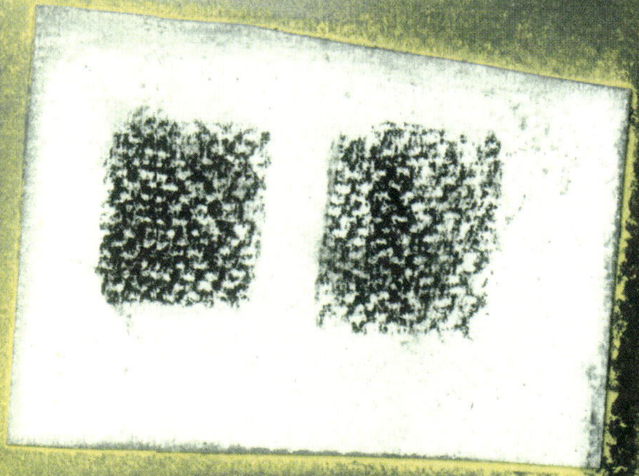

Zum ersten Mal wurde „Das schwarz Quadrat„ ausgestellt.

Kasimir Malewitsch stellte abstrakte, sogenannte suprematistische Gemälde aus, mindestens 39 Werke. Die Bilder waren sehr ungewöhnlich und schwer zu verstehen. Das war eine völlig neue Kunstrichtung.

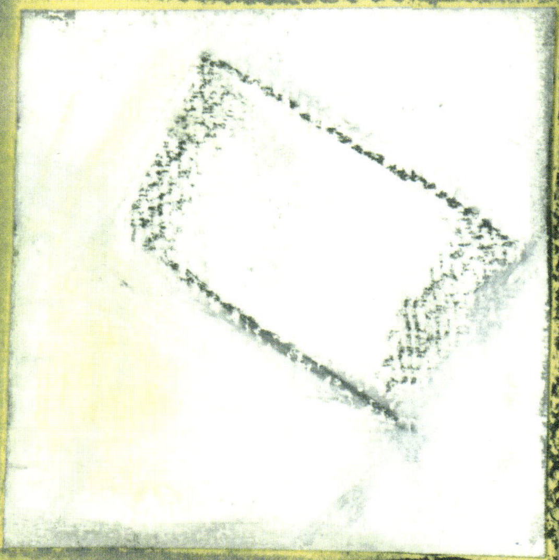

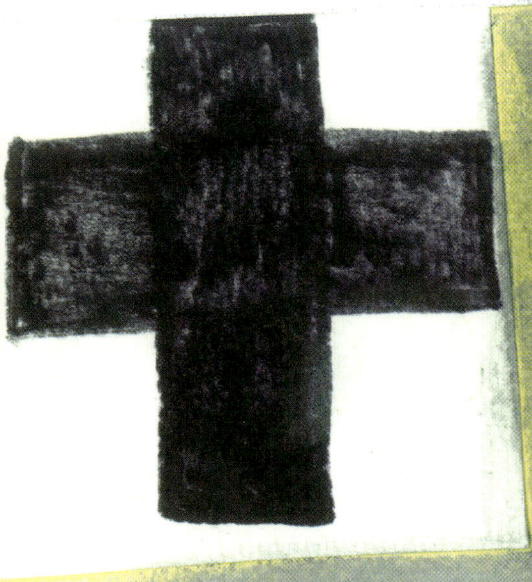

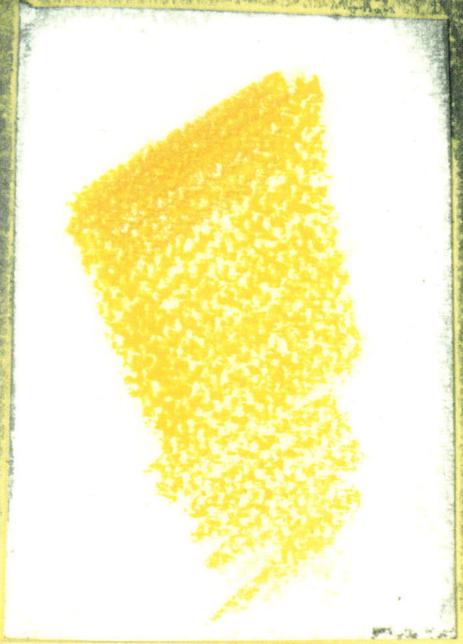

Dies war die erste Präsentation eines erstaunlichen, unverständlichen und provokativen Bildes, das alle beeindruckte und für immer in die Geschichte der Kunst eingegangen ist.

Ungewöhnlich war auch der Name der Ausstellung: Die letzte futuristische Gemäldeausstellung „0.10“. Geplant war, dass sich daran 10 Künstler beteiligen. 0 bedeutete null Themenformen: Es ging um Transformationen und Neustart der Kunst. Dies sollte die letzte futuristische Ausstellung sein, weil auch dieser neueste Trend Futurismus enden würde, so glaubten die Ausstellungsteilnehmer. Nach Null sollte etwas ganz Neues beginnen.

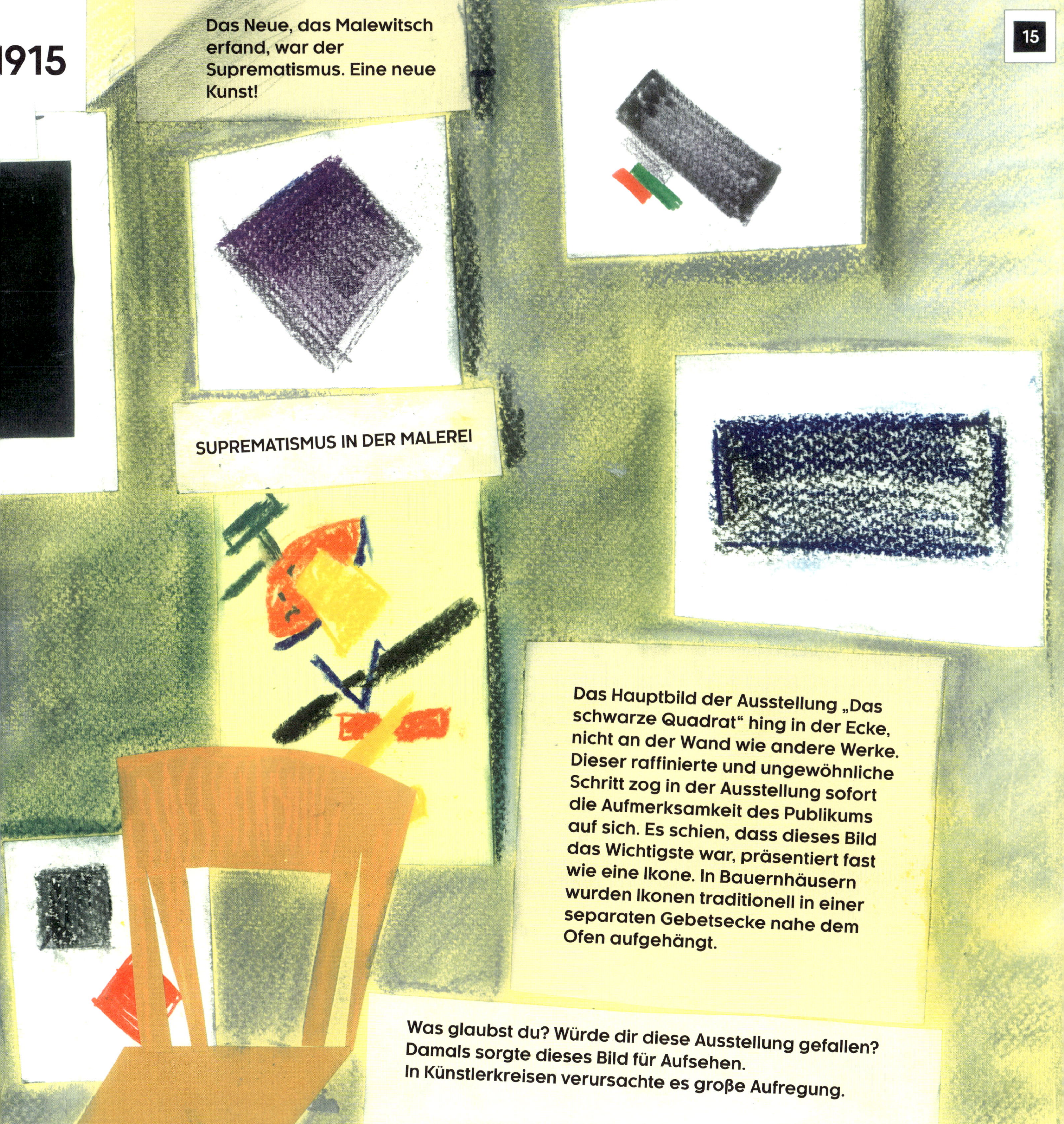

1915

Das Neue, das Malewitsch erfand, war der Suprematismus. Eine neue Kunst!

SUPREMATISMUS IN DER MALEREI

Das Hauptbild der Ausstellung „Das schwarze Quadrat“ hing in der Ecke, nicht an der Wand wie andere Werke. Dieser raffinierte und ungewöhnliche Schritt zog in der Ausstellung sofort die Aufmerksamkeit des Publikums auf sich. Es schien, dass dieses Bild das Wichtigste war, präsentiert fast wie eine Ikone. In Bauernhäusern wurden Ikonen traditionell in einer separaten Gebetsecke nahe dem Ofen aufgehängt.

Was glaubst du? Würde dir diese Ausstellung gefallen? Damals sorgte dieses Bild für Aufsehen. In Künstlerkreisen verursachte es große Aufregung.

„SCHWARZES

Eines der berühmtesten und geheimnisvollsten Gemälde

Für Malewitsch ist das schwarze Quadrat das grundlegende höchste Urelement, von dem alles ausgeht. Es gibt auch einen Kreis und ein Kreuz, in die es sich weiter entwickelt.

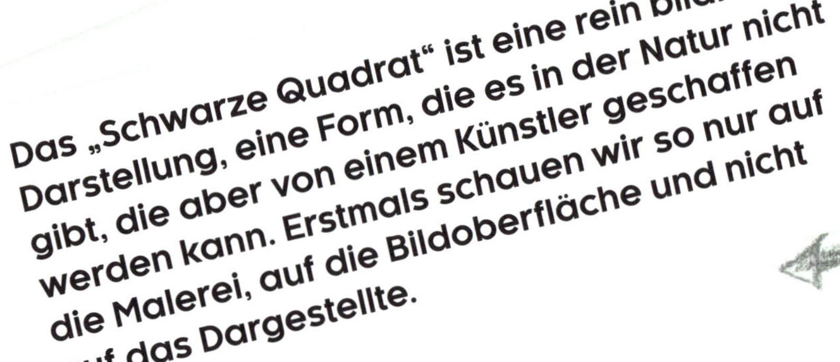

Das „Schwarze Quadrat" ist eine rein bildliche Darstellung, eine Form, die es in der Natur nicht gibt, die aber von einem Künstler geschaffen werden kann. Erstmals schauen wir so nur auf die Malerei, auf die Bildoberfläche und nicht auf das Dargestellte.

Es ist nicht ganz quadratisch, weil die Seiten nicht völlig gleich sind. Das schwarze Quadrat ist nicht schwarz. Sieht man genauer hin, gibt es viele feine Risse in der schwarzen Ölfarbe. Malewitsch hatte keine leere Leinwand, wollte aber schnell seine Idee verwirklichen. Also nahm er ein anderes suprematistisches Gemälde, grundierte es und malte darüber. Mit der Zeit wurde diese Schicht rissig.

Das Bild war so wichtig, dass Malewitschs Schüler sogar selbst schwarze quadratische Flicken zuschnitten und auf ihre Kleidung nähten. Später erschien oft ein kleines schwarzes Quadrat in der Ecke der Arbeiten des Künstlers als Unterschrift oder Signatur.

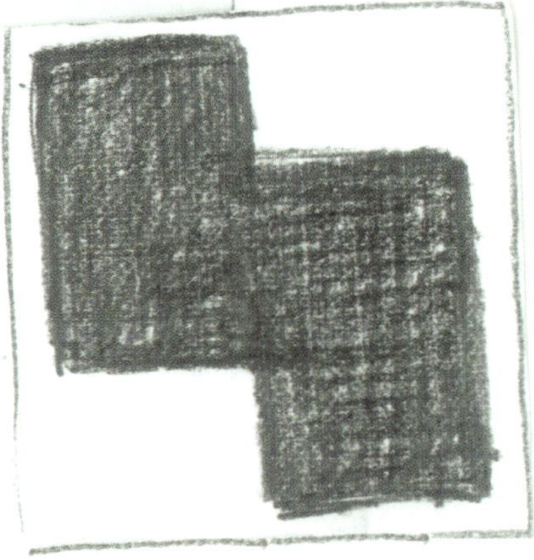

Das „Schwarze Quadrat" bedeutet eine Zäsur und einen Neustart in der Kunst. Was ist es? Absolute Dunkelheit? Nichts? Der kosmische Abgrund?

QUADRAT“ 1915

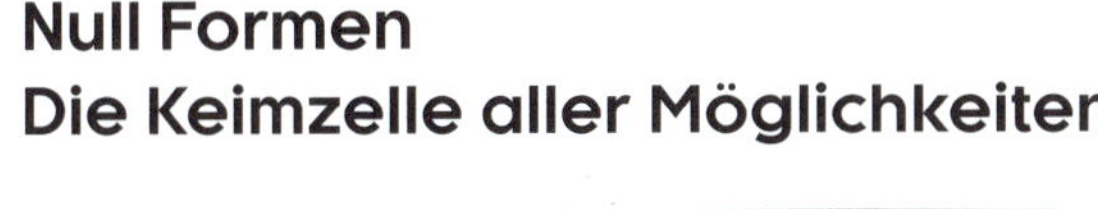

Null Formen
Die Keimzelle aller Möglichkeiten

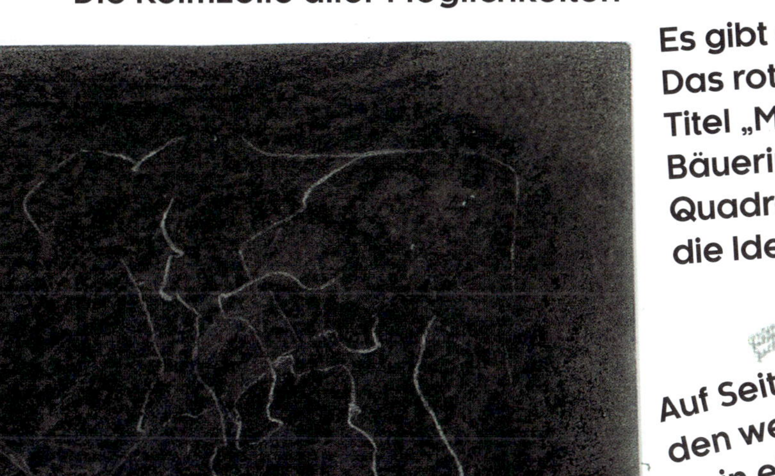

Es gibt auch rote und weiße Quadrate. Das rote hat einen sehr ungewöhnlichen Titel „Malerischer Realismus einer Bäuerin in zwei Dimensionen“. Im weißen Quadrat auf weißem Grund erreichen die Ideen des Künstlers ihren Höhpunkt.

Auf Seite 28–29 kannst du etwas über den weißen Suprematismus lesen und dein eigenes Quadrat erschaffen.

Kannst du dir vorstellen wie es ist, wenn nichts ist?
Das ist der Nullpunkt der Malerei.
Das Ende des Alten und der Anfang des Neuen.

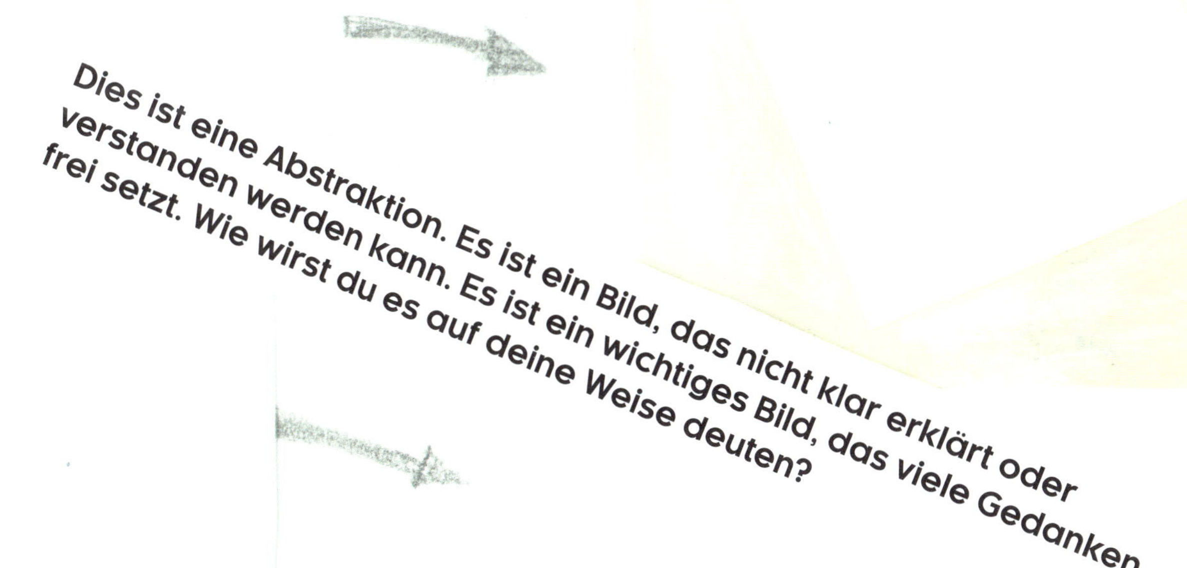

Dies ist eine Abstraktion. Es ist ein Bild, das nicht klar erklärt oder verstanden werden kann. Es ist ein wichtiges Bild, das viele Gedanken frei setzt. Wie wirst du es auf deine Weise deuten?

Kasimir Malewitsch hat das „Schwarze Quadrat“ sogar für sich selbst unerwartet geschaffen. Er konnte unmittelbar danach weder essen noch schlafen und dachte über das Geschehene nach. Etwas Mystisches war passiert. Der Künstler war bei der Entstehung des Bildes so konzentriert, dass es ihm vorkam, als würden Blitze vor seinen Augen erscheinen.

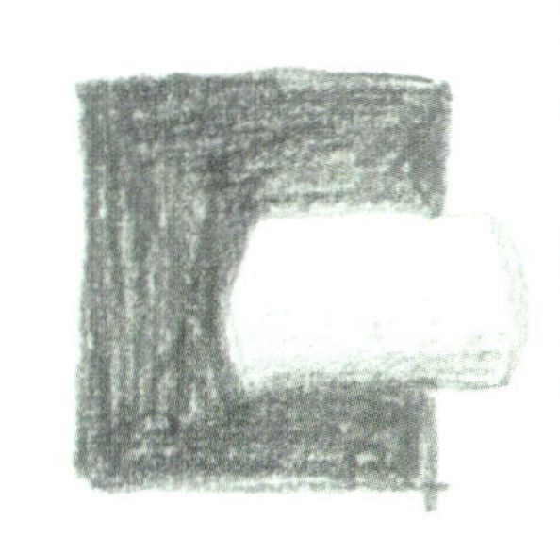

DAS IST DEIN QUADRAT!

Wie wird es sein? Zeichne hier mit Bleistiften, Filzstiften oder Farben.

Vielleicht wird dies deine Kopie des schwarzen Quadrats oder deine eigene Version?

Ja, das „Schwarze Quadrat“ ist ziemlich einfach nachzumalen, aber die Idee selbst ist wichtig. Es ist unmöglich, sie so zu wiederholen, wie Malewitsch es getan hat.

Kasimir Malewitsch schuf schwarze, weiße, rote und sogar gelbe und rosa Quadrate.
Wie ist deins? Schwarz? Rot? Violett? Oder vielleicht bunt?

Auch Malewitsch und seine Schüler fertigten Kopien an. Zur Zeit gibt es vier schwarze Quadrate, aber es heißt, dass es früher bis zu sieben gab.

Male deine eigene Version des berühmtesten Bildes!

Du kannst aus allen Farben, die du hast, Schwarz machen, indem du sie mischst. Oder du kannst ein Bild gestalten und dann ein schwarzes Quadrat darüber malen.

MALE DIE URELEMENTE AUS!

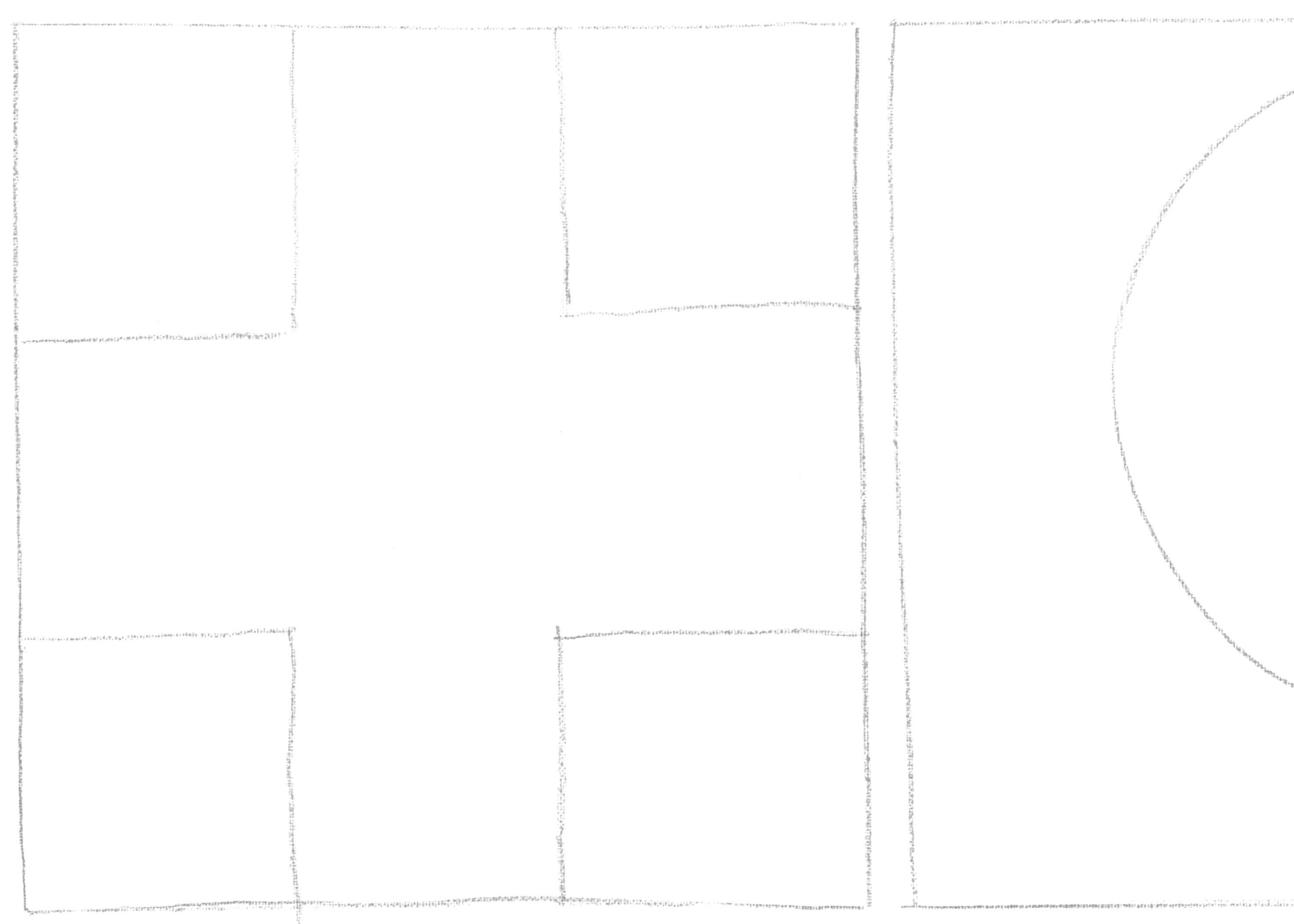

Ein Quadrat ist Null. Der Aufbau einer neuen Form beginnt bei Null. Ein Kreis entsteht durch die Drehung eines Quadrats. Beim Bewegen verwandelt sich das Quadrat in ein Kreuz. Quadrat, Kreis und Kreuz sind laut Malewitsch die wichtigsten Urelemente, Prototypen aller existierenden Formen.

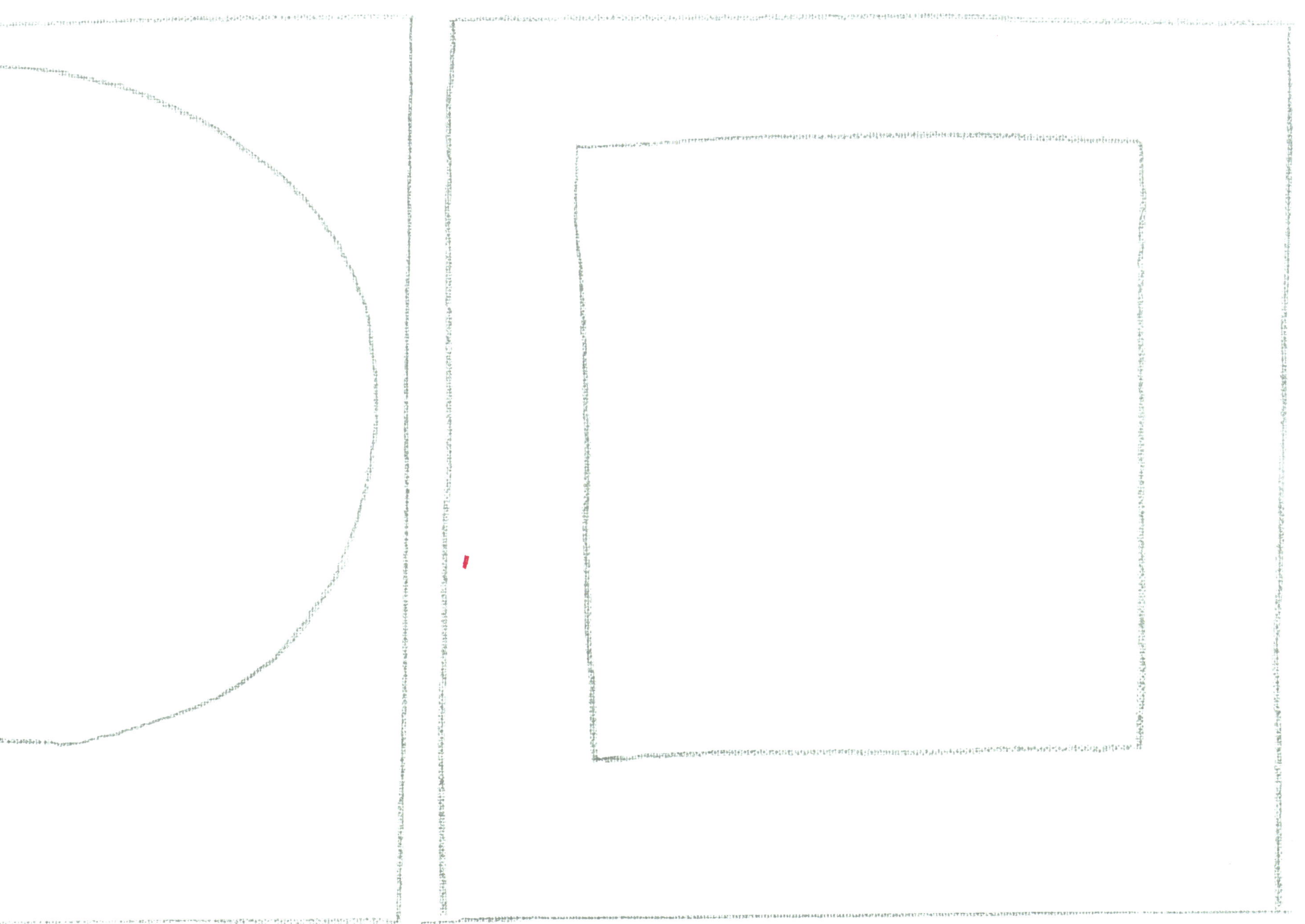

OBJEKTLOSIGKEIT

SUPREMUS

SUPREMATISMUS

Dieses ungewöhnliche Wort ist eine Mischung aus polnischer und lateinischer Sprache. Supremus lässt sich etwa mit „am höchsten", „am besten", „dominant" übersetzen.

MALEREI DER ZUKUNFT

Kasimir Malewitsch erschuf eine neue avantgardistische Richtung der Malerei.

Neuer Bildrealismus

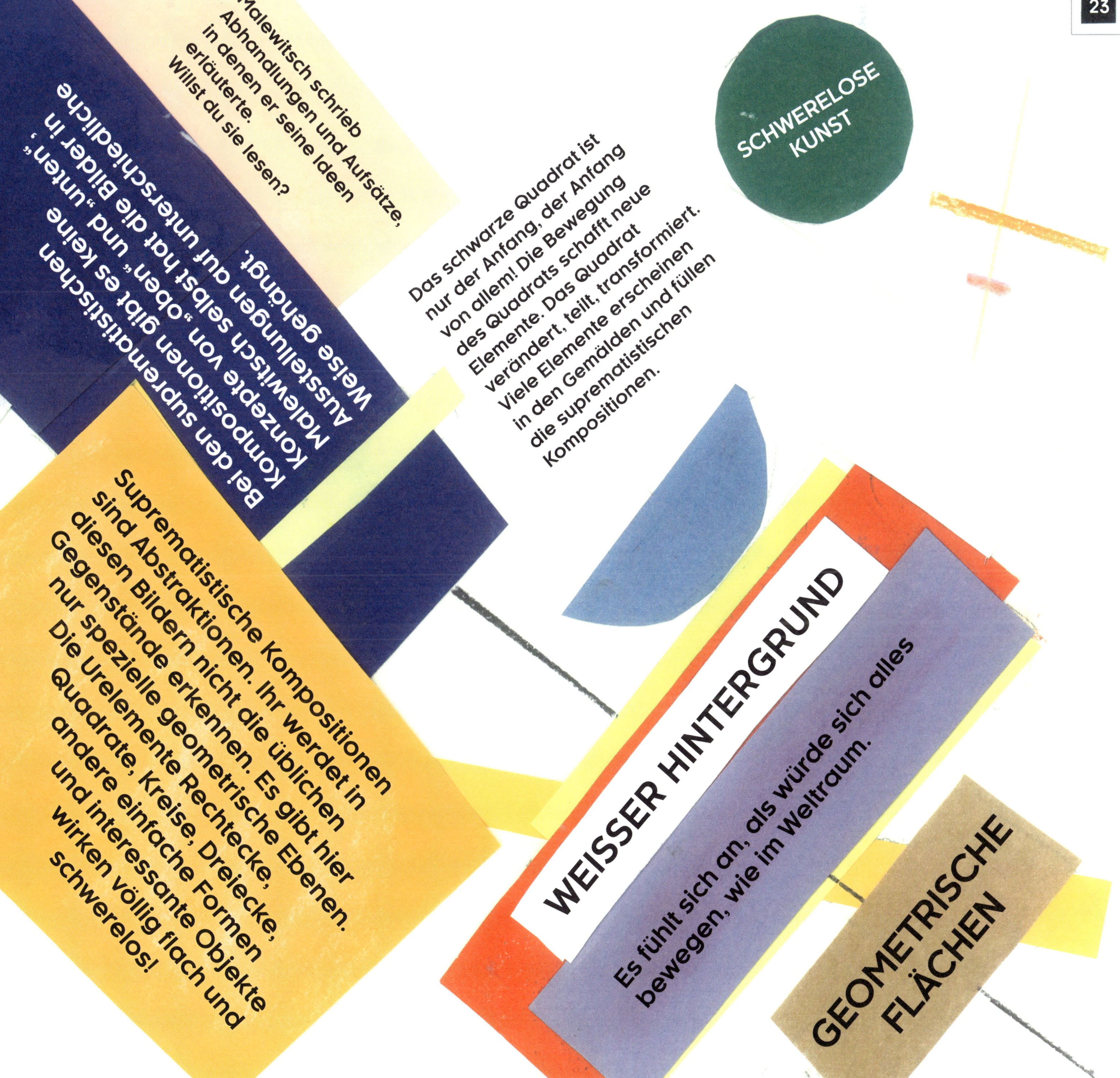

Malewitsch schrieb Abhandlungen und Aufsätze, in denen er seine Ideen erläuterte. Willst du sie lesen?

Bei den suprematistischen Kompositionen gibt es keine Konzepte von „oben" und „unten". Malewitsch selbst hat die Bilder in Ausstellungen auf unterschiedliche Weise gehängt.

SCHWERELOSE KUNST

Das schwarze Quadrat ist nur der Anfang, der Anfang von allem! Die Bewegung des Quadrats schafft neue Elemente. Das Quadrat verändert, teilt, transformiert. Viele Elemente erscheinen in den Gemälden und füllen die suprematistischen Kompositionen.

Suprematistische Kompositionen sind Abstraktionen. Ihr werdet in diesen Bildern nicht die üblichen Gegenstände erkennen. Es gibt hier nur spezielle geometrische Ebenen. Die Urelemente Rechtecke, Quadrate, Kreise, Dreiecke, andere einfache Formen und interessante Objekte wirken völlig flach und schwerelos!

WEISSER HINTERGRUND

Es fühlt sich an, als würde sich alles bewegen, wie im Weltraum.

GEOMETRISCHE FLÄCHEN

Male aus: „Malerischer Realismus eines Jungen mit Ranzen.
Farbmassen in vierter Dimension“.

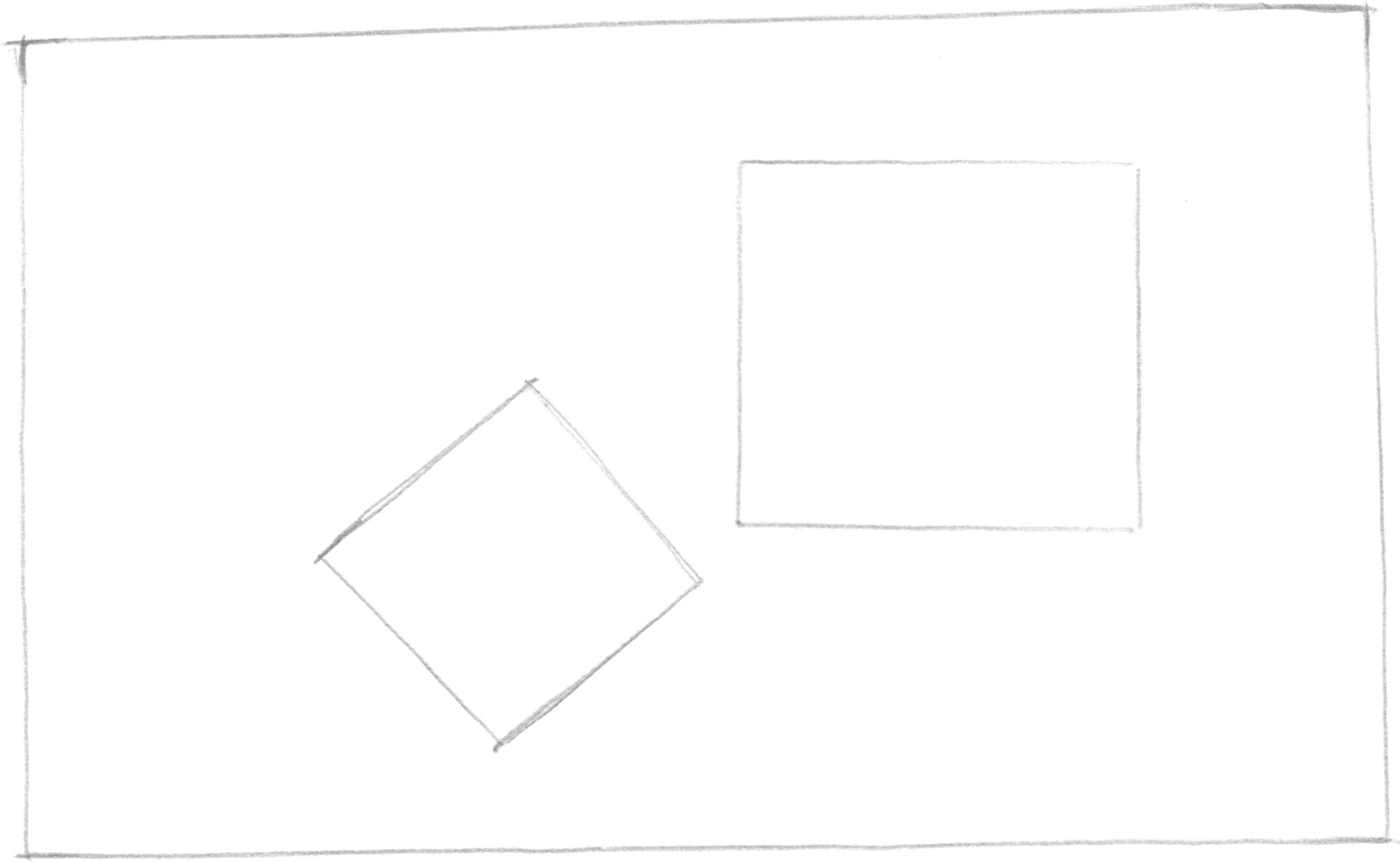

Male aus: „Selbstporträt in zwei Dimensionen“.

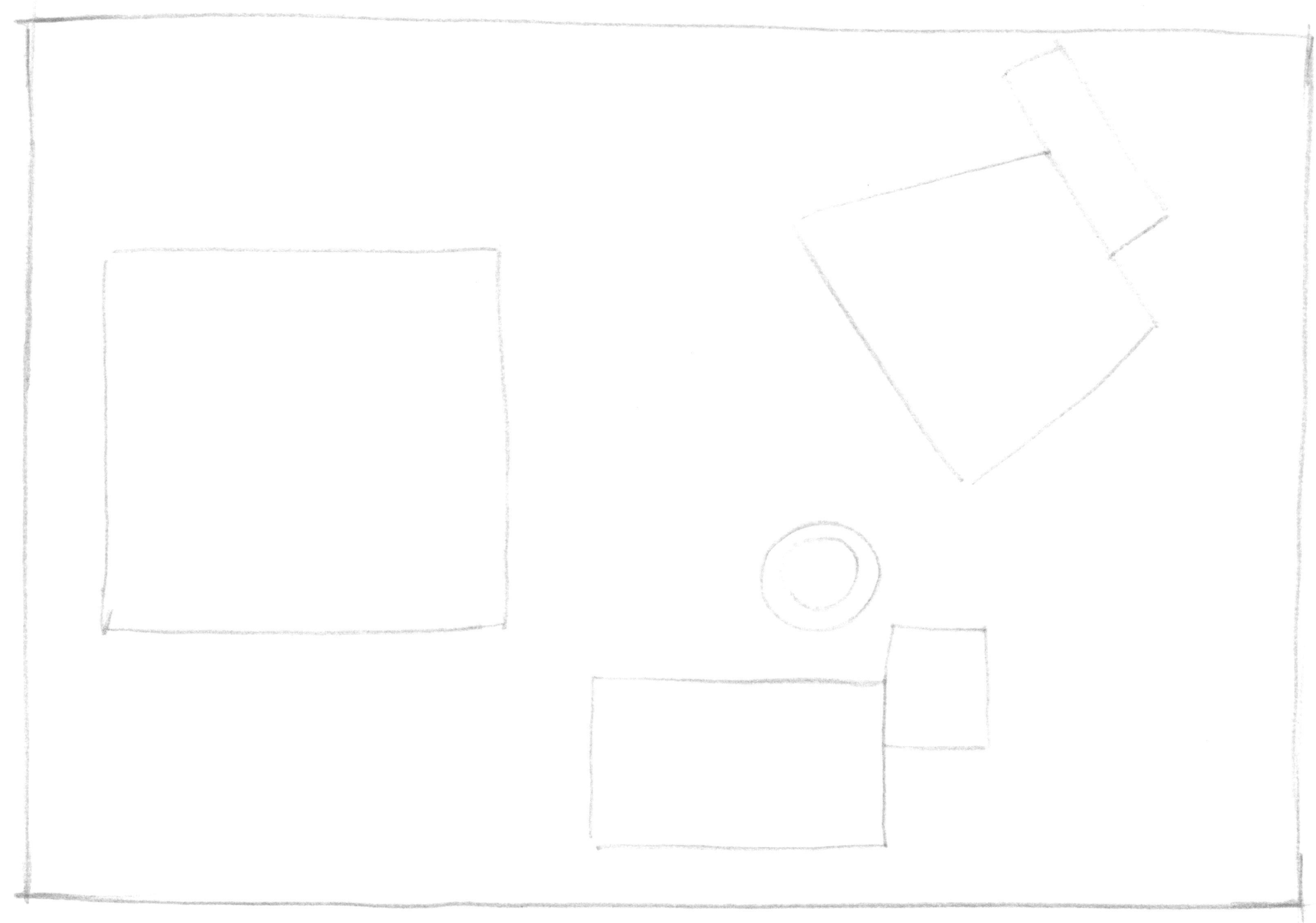

DEINE SUPREMATISTISCHEN KOMPOSITIONEN

Verwende Urelemente-Aufkleber von den Sticker-Seiten.

Der Hintergrund sollte weiß sein. Malewitsch ließ sich von Wandmalereien auf weißen ukrainischen Häusern inspirieren. Weiß ist ein idealer Raum, der an das Weltall erinnert.

Achte auf die Farben der suprematistischen Elemente! Quadrate, Rechtecke, Dreiecke und andere Formen sind schön und leuchtend. Sie sind lila, rosa, blau, hellgrün, gelb, …

Oder vielleicht erfindest und malst du dein eigenes Element?
Wie platzierst du die Aufkleber auf diesen weißen Flächen an?
Du kannst ein Element auch mit einem anderen überlappen.

Wenn du magst, erstelle aus den Urelementen dein objektloses Selbstporträt in zwei Dimensionen.
Platziere einfach die Urelemente und suche nach einem interessanten Rhythmus.
Das bedeutet nicht, dass du Kopf, Augen und Nase überhaupt konkret darstellen musst.

Warme und kalte Weißtöne

Der weiße Abgrund

Freiheit

Unendlichkeit

Weiße Elemente auf weißem Hintergrund.

Es bleibt nur die weiße Farbe.
Welche Assoziationen weckt das bei dir?
Finde einen weißen Stift und vervollständige die weißen Elemente auf dieser Seite!
Versuche Weiß auf Weiß zu malen.

WEISSER SUPREMATISMUS

DAS „WEISSE QUADRAT“ 1918

Suprematistische Kompositionen werden immer dynamischer und bunter. Dann erreicht nach Malewitschs Idee der Suprematismus die höchste Stufe: Er wird weiß!

Es scheint, als wäre alles verschwunden!

Kannst du hier etwas erkennen? Es ist fast nichts zu sehen. Man muss genau hinschauen!

Weiß ist ein Symbol für die Reinheit des schöpferischen Lebens eines Menschen.

„Weiß auf Weiß. Gefühl der Auflösung“ 1917–1918

Die weiße Farbe ist außergewöhnlich, Alle Farben sind in Weiß kombiniert.

Sie haben keine Gesichter und ihre Kleidung ähnelt Raumanzügen.

Das sind sehr ungewöhnliche Gestalten.

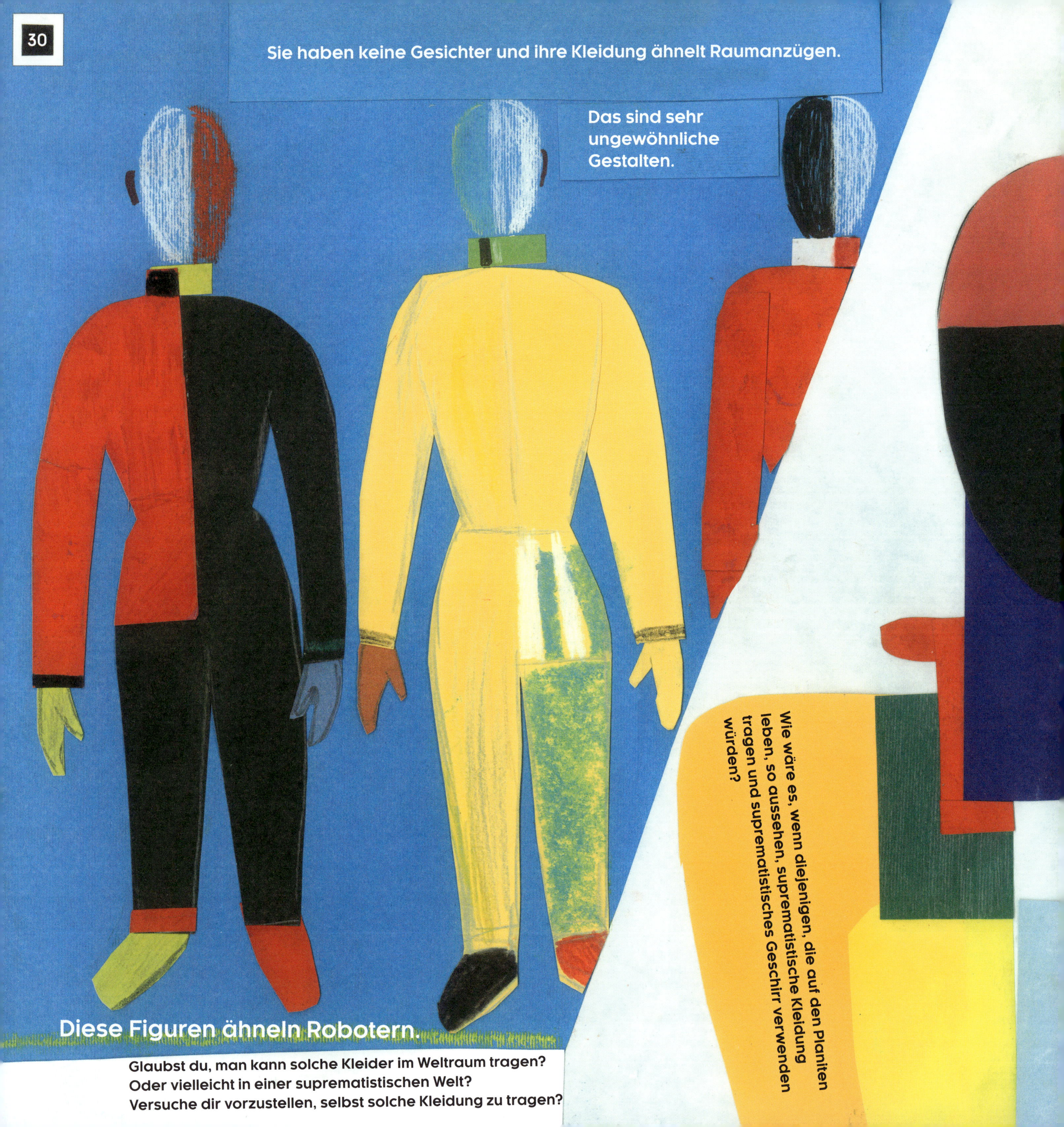

Wie wäre es, wenn diejenigen, die auf den Planiten leben, so aussehen, suprematistische Kleidung tragen und suprematistisches Geschirr verwenden würden?

Diese Figuren ähneln Robotern.

Glaubst du, man kann solche Kleider im Weltraum tragen?
Oder vielleicht in einer suprematistischen Welt?
Versuche dir vorzustellen, selbst solche Kleidung zu tragen?

SEMLJANITEN

Plötzlich tauchen in Kasimir Malewitschs Gemälden statt der suprematistischen Elemente wieder Menschen auf.

Kasimir Malewitsch interessierte sich für die Zukunft.

„PROTOTYP EINER NEUEN GESTALT“
1928–1932

FÜHLST DU DICH ALS SEMLJANIT?

Vielleicht sind es Semljaniten? Malewitsch erfand dieses mysteriöse Wort, um die Menschen der Zukunft zu bezeichnen. Diejenigen, die in 100 Jahren leben würden. Sind wir das also?
(Semlja bedeutet Erde auf Ukrainisch.)

Menschen der Zukunft

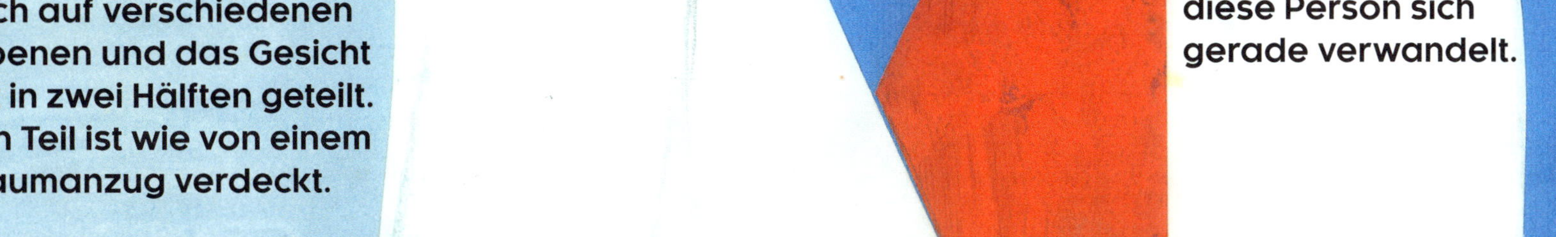

„Weiblicher Torso“
1928–1929

Die Schultern befinden sich auf verschiedenen Ebenen und das Gesicht ist in zwei Hälften geteilt. Ein Teil ist wie von einem Raumanzug verdeckt.

Es scheint, als ob diese Person sich gerade verwandelt.

MALE DIE SEMLJANITEN AUS!

Male diese Figuren von Kasimir Malewitsch nach deinen Vorstellungen aus.

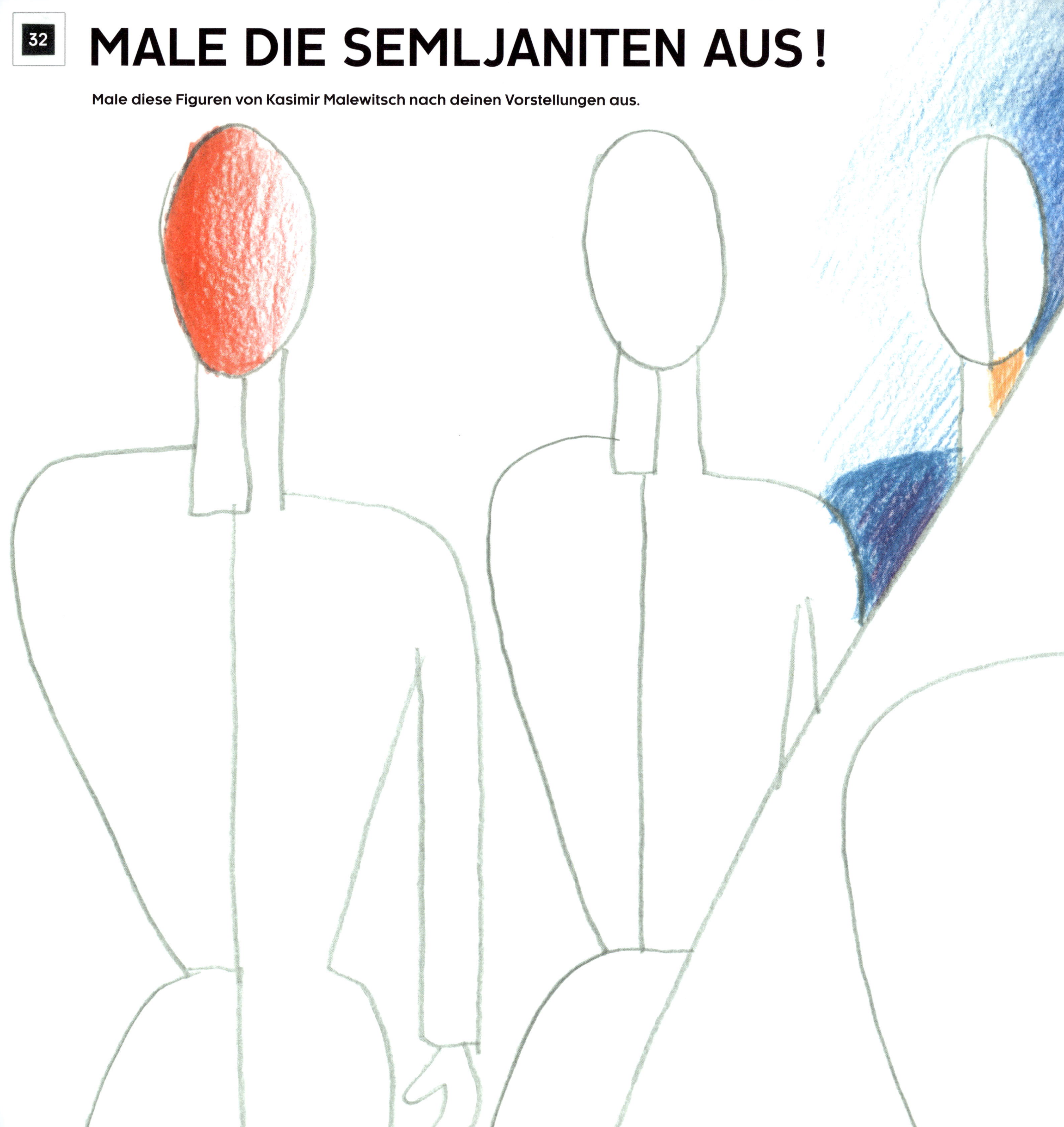

Dies ist eines der erstaunlichsten Bilder. Male es auf deine Art aus und erfinde eine Geschichte dazu. Aus welchem Material sind diese Kleidungsstücke wohl?

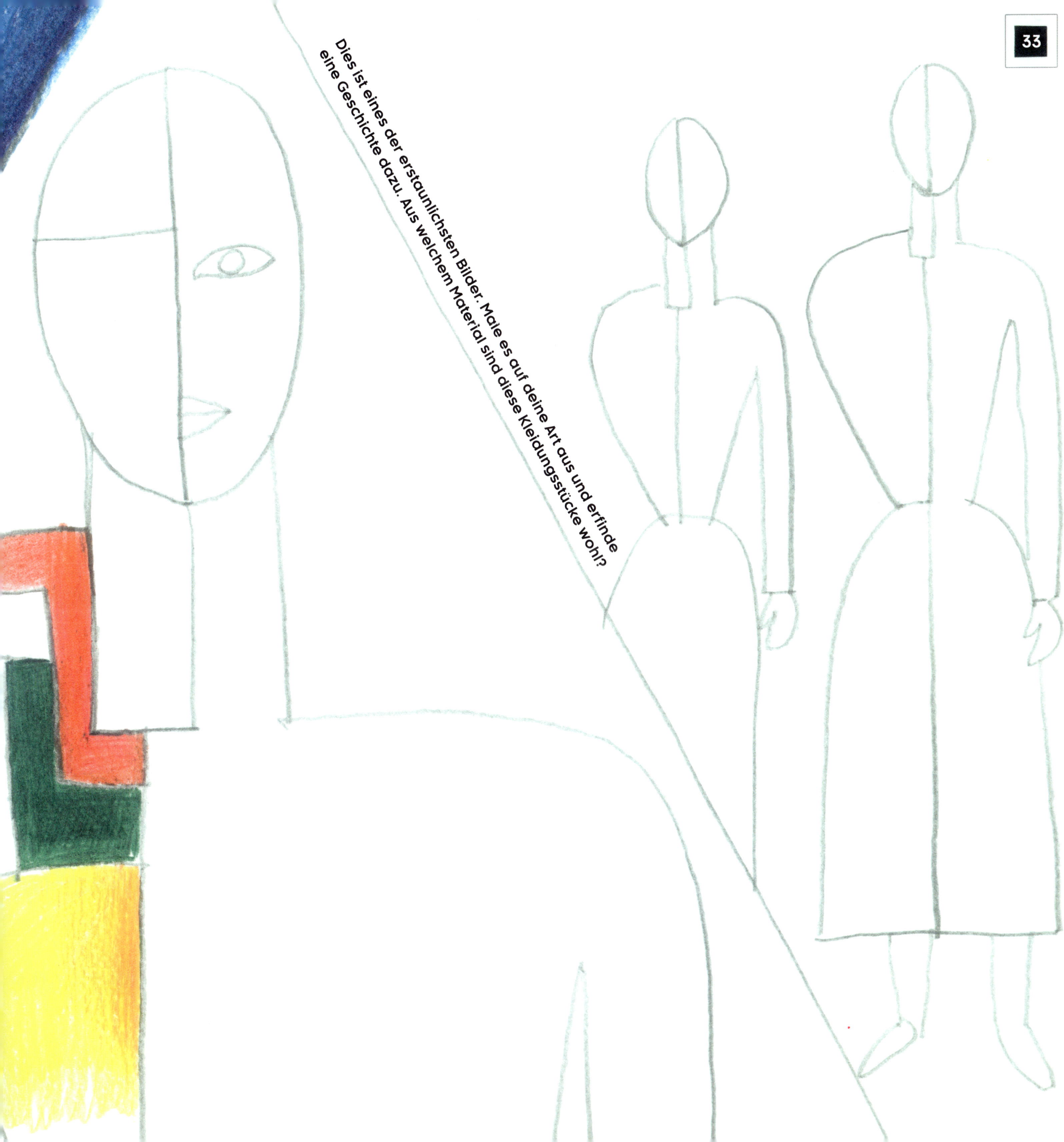

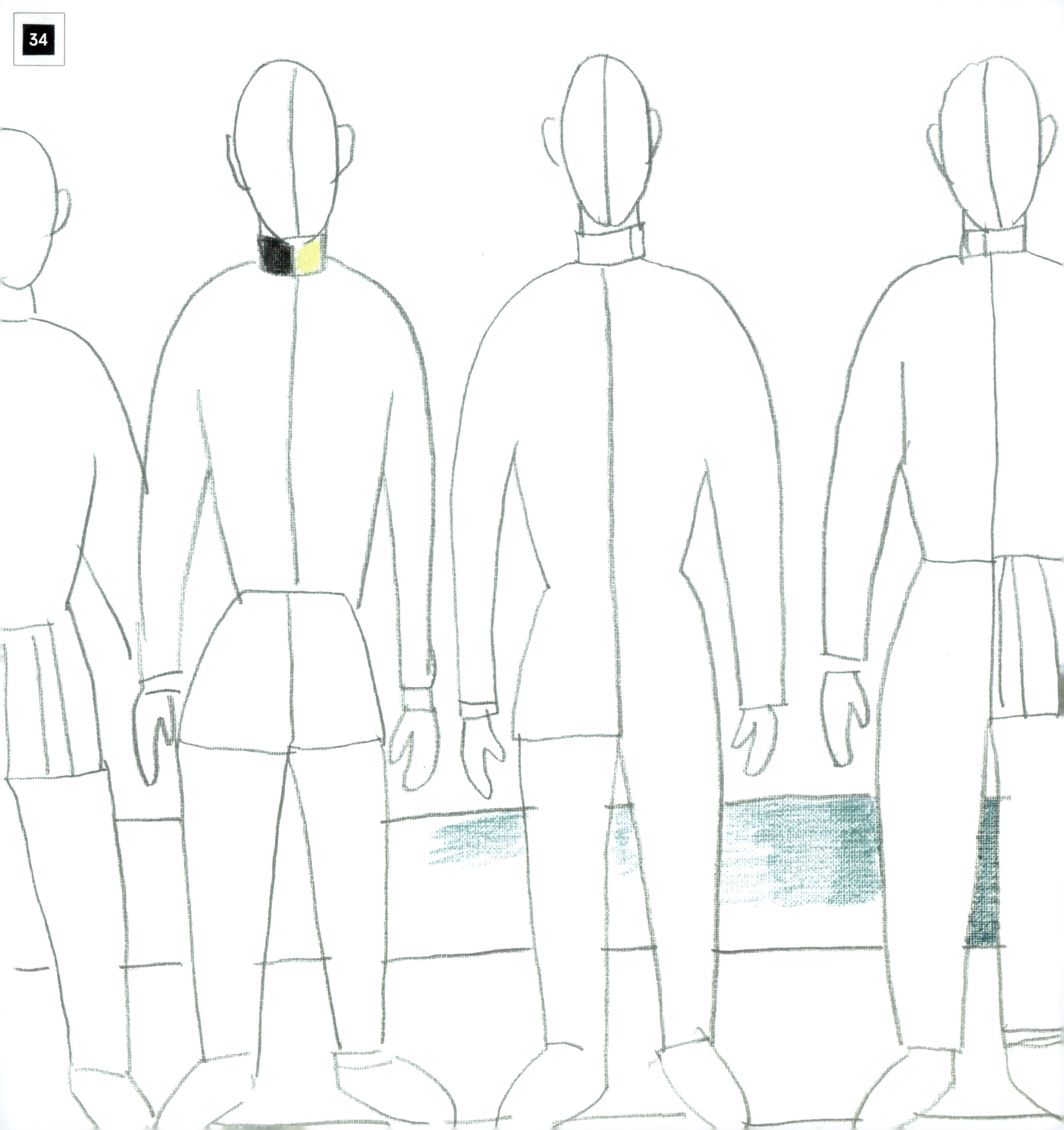

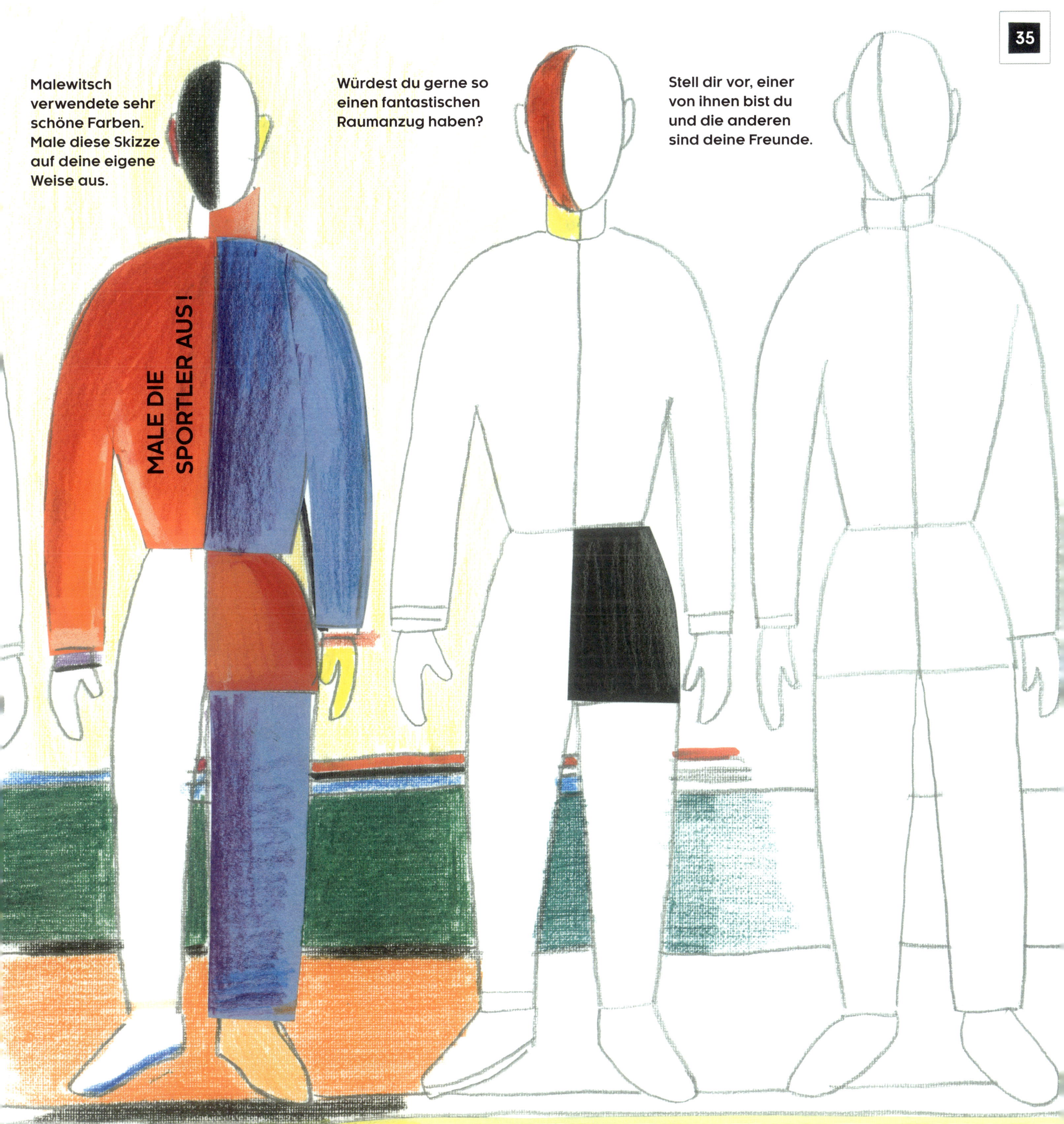

Malewitsch verwendete sehr schöne Farben. Male diese Skizze auf deine eigene Weise aus.

MALE DIE SPORTLER AUS!

Würdest du gerne so einen fantastischen Raumanzug haben?

Stell dir vor, einer von ihnen bist du und die anderen sind deine Freunde.

Kosmisches Haus

„PLANIT FÜR EINEN PILOTEN" 1924

Dieser Planit ähnelt einem Flugzeug.

Kasimir Malewitsch träumte davon, daß Suprematismus nicht nur in Bildern sein sollte, sondern auch in der Umgebung. Die Architektur erschien dem Künstler wichtiger als die Malerei, weil sie die Manifestation des Suprematismus im Leben war.

Die zukünftigen Planiten (Häuser) der Semljaniten (Menschen) sind neue Gebäude, die kontrolliert durch atmosphärische und magnetische Strömungen im Weltraum schweben würden.

Suprematismus in der Architektur

Aus den Planiten würden alle Luftstädte zwischen der Erde und dem Mond entstehen, die auf einer Umlaufbahn kreisen würden.

Stelle dir für einen Moment vor, wir lebten in einem Planiten, in der großen Luftstadt. Das ist so spannend! Würdest du gern in einem schwebenden Planiten leben?

Einfache geometrische Formen, die sich unerwartet miteinander kombinieren. Asymmetrie.

Malewitsch stellte sich vor, dass in Zukunft große Städte auf riesigen, motorisierten Luftschiffen – mit Gas gefüllten Flugmaschinen, leichter als Luft – gebaut würden, sogar mit Ateliers moderner Künstler.

PLANIT FÜR SEMLJANITEN

Deine Skizze

Was kannst du für den Bau eines Planiten verwenden?

Kasimir Malevitsch machte viele Skizzen von Planiten und beschrieb sogar, woraus sie gebaut werden sollten: Weißes Milchglas, Beton und Eisen. Alles schwarz, weiß und rot. Sogar Fußbodenheizung und Musik sollte es geben.

SUPREMATISTISCHE KLEIDUNG

Neues Leben sollte Kunst sein, und nach Malewitschs Idee sollten wir von einer suprematistischen Welt umgeben sein.

Ungewöhnlicher Haarschmuck

Der Künstler schuf Entwürfe suprematistischer Kleidung und sogar Vorlagen für suprematistische Stoffe. Diese Muster bestehen aus Urelementen: Rechtecke, Kreise, Dreiecke auf weißem Hintergrund.

Die Hauptidee ist, dass Kleidung die Formen der Architektur organisch fortsetzt. Erinnerst du dich an die Planiten? Vielleicht werden die Bewohner der Planiten, die Semljaniten, solche Kleider tragen.

Kannst du dir Kleidung vorstellen, die dein Zimmer, dein Zuhause harmonisch ergänzen würde?

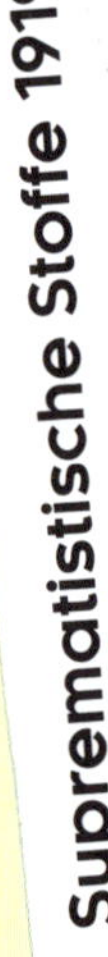

Suprematistische Stoffe 1919

Alle Details der Verzierungen sind durchdacht.

Es gibt viele leuchtende Farben. Das Outfit ist oft in zwei Hälften geteilt, die unterschiedliche Farben haben.

ZEICHNE HIER DEINE SKIZZEN VON SUPREMATISCHEN ANZÜGEN UND KLEIDERN!

Kannst du dir ein Kleid aus einem suprematistischen Stoff vorstellen?

Erfinde dein eigenes Stoffmuster oder verwende Muster von Malewitsch.

Entwerfe selbst suprematistische Verschlüsse, interessante Frisuren und spezielle suprematistische Schuhe.

Gegenstandslose Kleidung

Gemeinsam mit seinen Schülern schuf Kasimir Malewitsch in einer Porzellanmanufaktur suprematistisches Tafelgeschirr. Es ist schön und ungewöhnlich. Betrachte die Form der Teekanne und der Tasse.

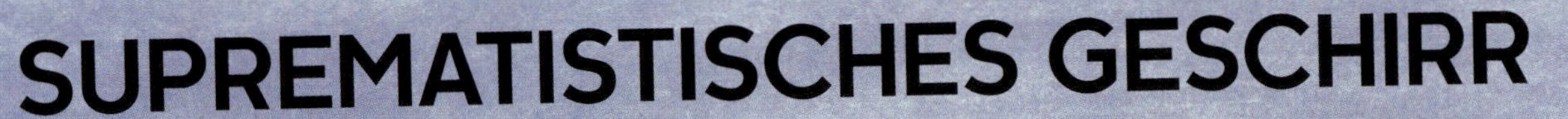

SUPREMATISTISCHES GESCHIRR

Es ist für die Schönheit da, nicht mehr für die Bequemlichkeit beim Teetrinken.

Ist es angenehm, dieses Geschirr zu halten, daraus Tee einzuschenken und zu trinken?

Das Porzellan ist weiß, um die Aufmerksamkeit nicht von der Form abzulenken. Es hat klare Linien und asymmetrische Volumenkombinationen.

Suprematistische Tasse und Teekanne 1923

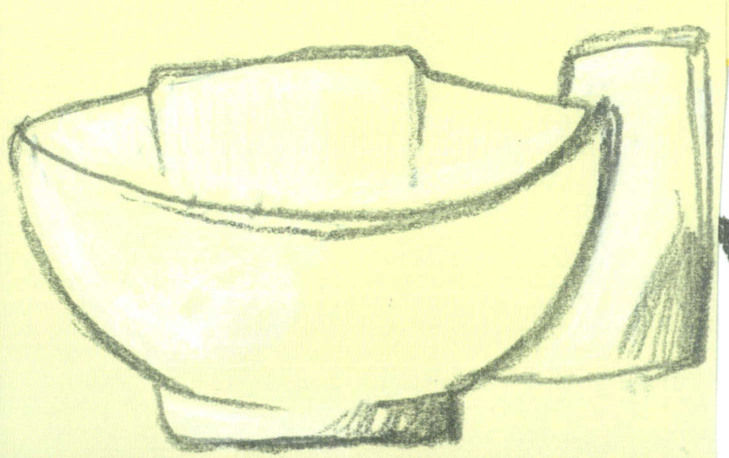

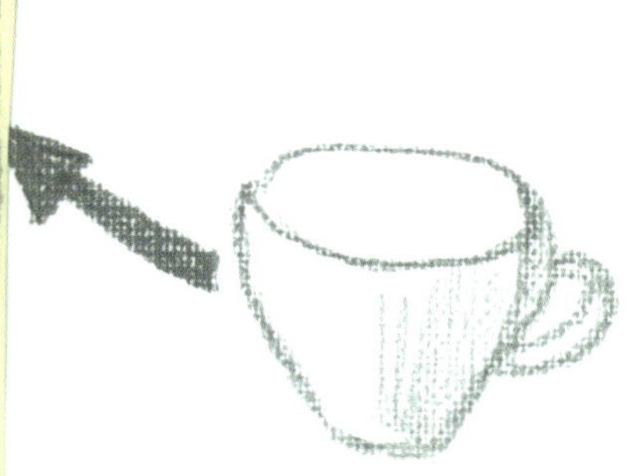

Suprematistischer rechteckiger Griff, Deckel und Ausgießer der Teekanne sind längliche Prismen, Parallelepipede. Eine gewöhnlichen Tasse wird geformt als Halbkugel, ein Urelement.

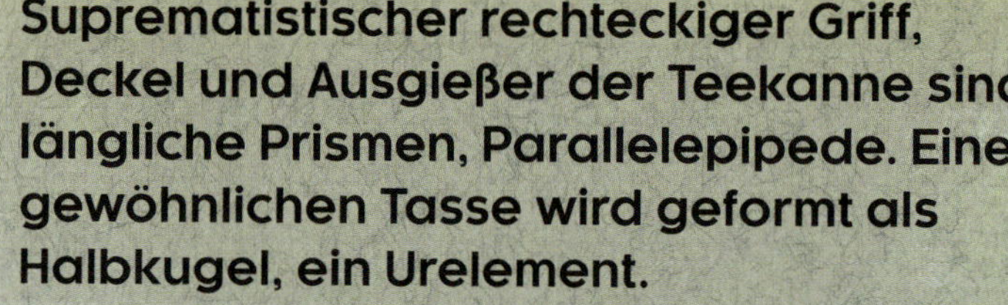

Hier ist die Idee selbst wichtig weil es um suprematistische Formen geht.

Denke dir dein ultimatives Geschirr aus und zeichne es hier! Verwende geometrische Formen und Urelemente.

Was wird es sein? Eine Teekanne mit Tasse oder doch lieber eine Vase oder ein Teller? Oder sogar ein suprematistischer Toaster oder Mixer?

Ein neuer Lebensrhythmus erfordert ein neues Design. Würdest du gerne in einer solchen suprematistischen Welt leben? Das ist gar nicht so abwegig. Überlege dir, welche Dinge aus deinem Umfeld Malewitsch gefallen würden.

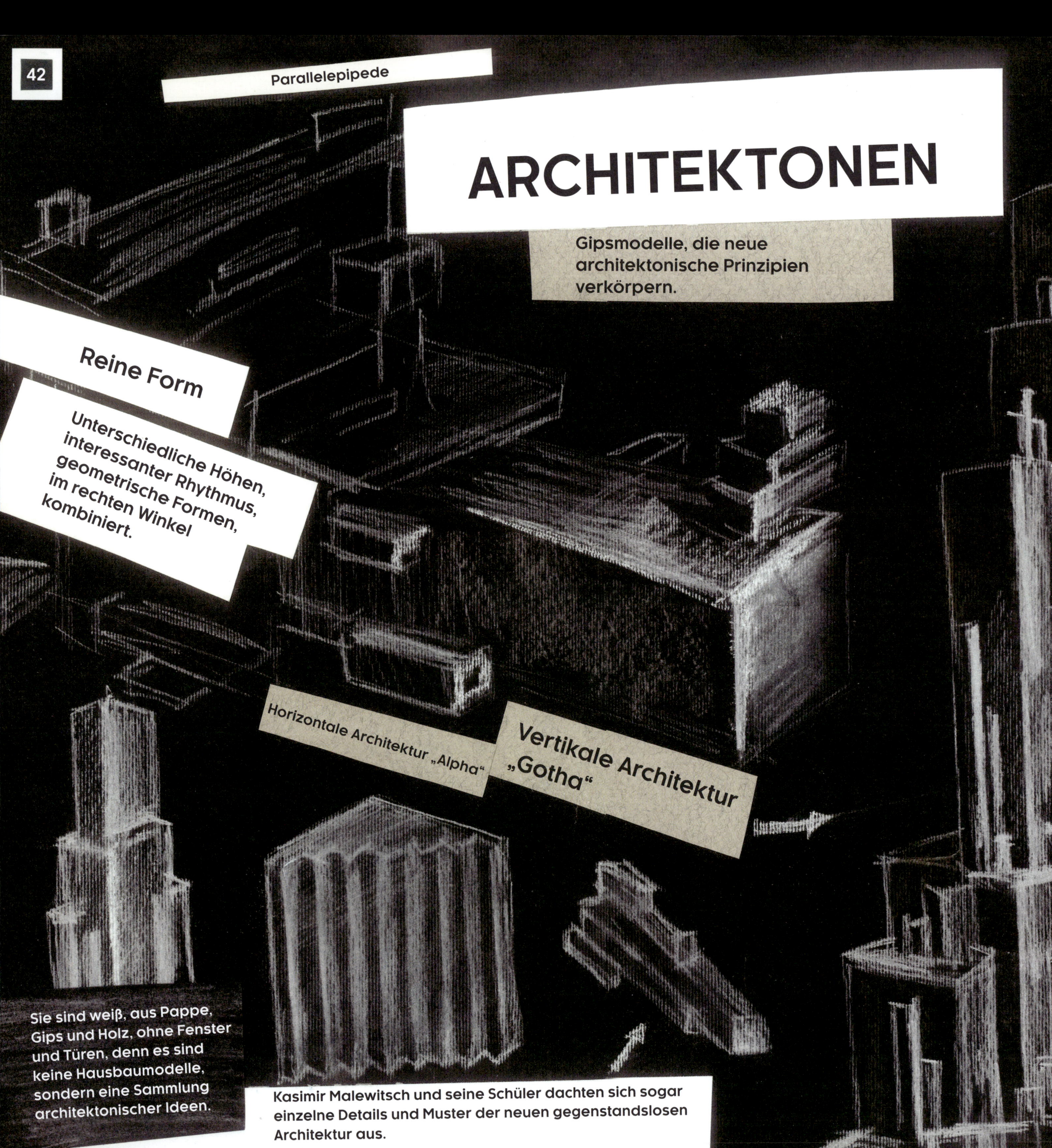
Parallelepipede
ARCHITEKTONEN
Gipsmodelle, die neue architektonische Prinzipien verkörpern.
Reine Form
Unterschiedliche Höhen, interessanter Rhythmus, geometrische Formen, im rechten Winkel kombiniert.
Horizontale Architektur „Alpha“
Vertikale Architektur „Gotha“
Sie sind weiß, aus Pappe, Gips und Holz, ohne Fenster und Türen, denn es sind keine Hausbaumodelle, sondern eine Sammlung architektonischer Ideen.
Kasimir Malewitsch und seine Schüler dachten sich sogar einzelne Details und Muster der neuen gegenstandslosen Architektur aus.

DEINE ARCHITEKTONE

Wie wird sie aussehen – vertikal oder horizontal? Gib ihr einen Namen. Malewitsch benannte einige seiner Architektonen nach griechischen Buchstaben: Alpha, Beta, Gamma …

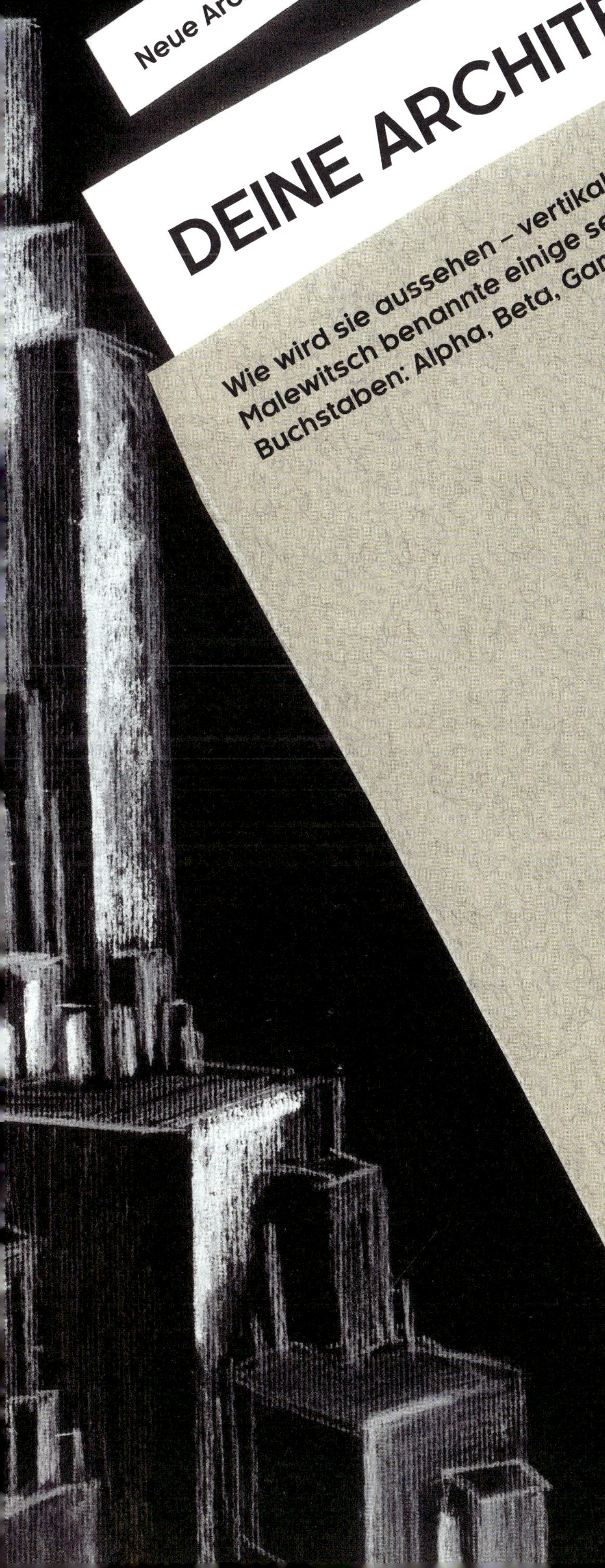

Architektonen erinnern ein wenig an moderne Architektur, denn die Ideen von Kasimir Malewitsch waren und sind seither Inspirationen für Architekten.

Sie wurden zum Beispiel von der herausragenden Architektin Zaha Hadid bewundert. Einige moderne Gebäude sehen aus wie die wahr gewordene Träume des Künstlers. Welche Gebäude, die du kennst, hätten Malewitsch gefallen?

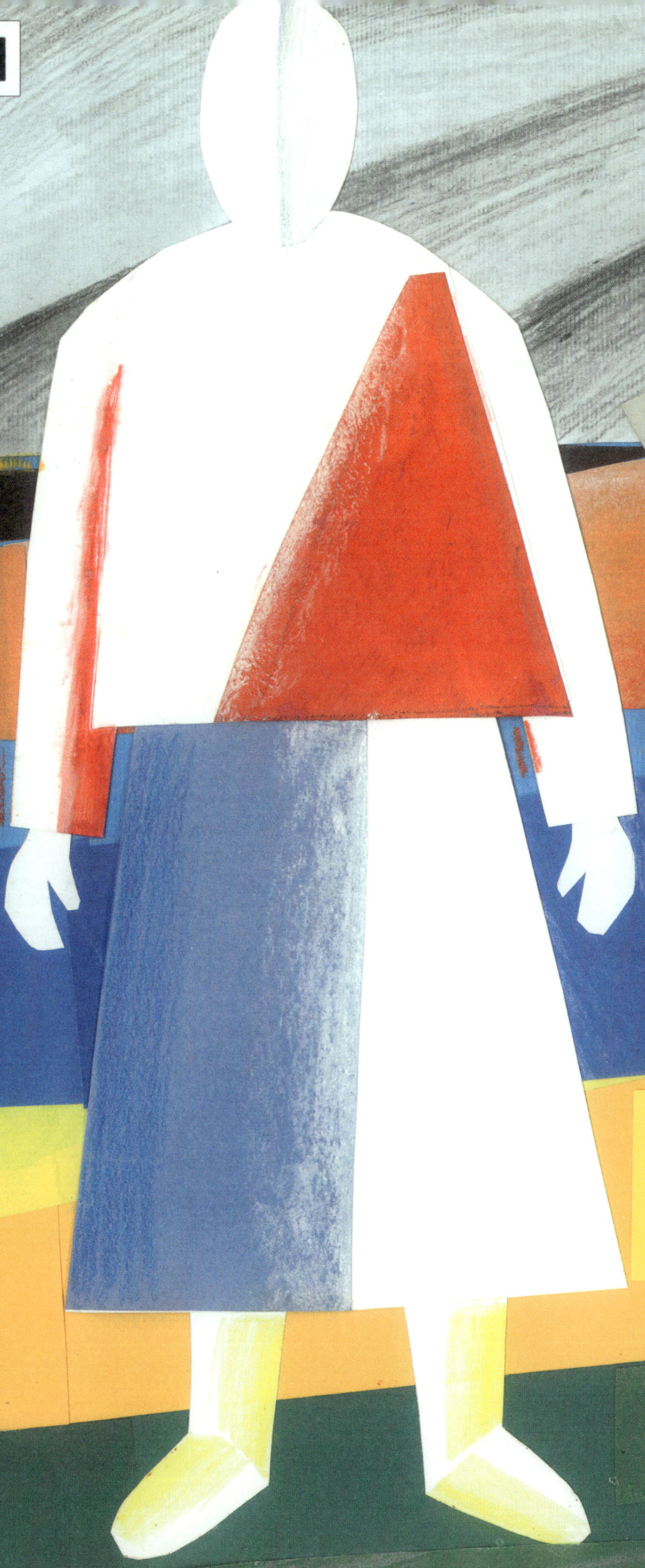

FLUGZEUGE AM HIMMEL ÜBER DEN FELDERN

Ukrainische Bauern sind eine Welt für sich. Malewitsch mochte sie sehr. Vielleicht sind es die Bauern, die die Semljaniten, Menschen der Zukunft werden. Sie würden eine neue Realität aufbauen.

Die Bauern in seinen Gemälden sind sehr ungewöhnlich. Die Figur des Mädchens ist geometrisiert. Seine Kleidung scheint aus einem speziellen Material zu sein und ähnelt einem Raumanzug.

Kasimir Malewitsch fuhr oft auf die Dörfer und war bestens vertraut mit dem Leben der Bauern. Die Zeit verging, und der Künstler sah, wie sich alles veränderte: Angst und eine Vorahnung von etwas Tragischem lagen in der Luft. Heutzutage gibt es wahrscheinlich keine solchen Bauern mehr, wie Malewitsch sie kannte und malte. Die Stadt verleibte sich das Dorf im Laufe der Zeit fast ganz ein.

Manchmal lief Kasimir Malewitsch sogar in traditioneller Bauernkleidung durch die Stadt.

BAUERN

Kasimir Malewitschs Lieblingsthema

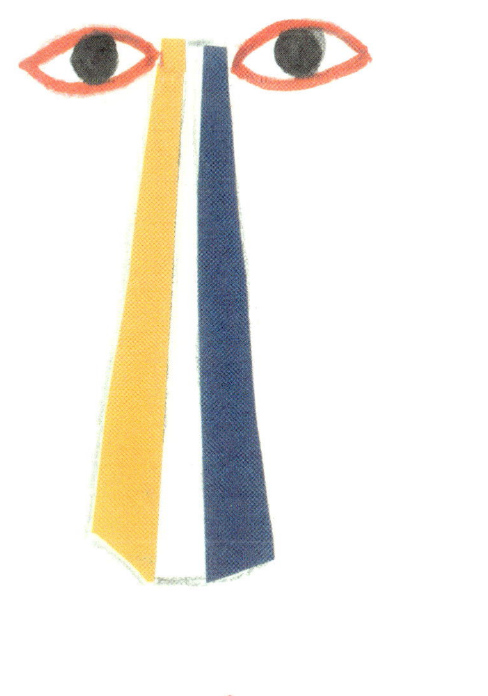

Suprematismus ist in den hellen Streifen der Felder zu spüren.

Als Kind fühlte der Künstler den Unterschied zwischen Arbeitern und Bauern. Bauern umgaben sich mit Kunst. Sie bemalten Häuserwände und Ostereier und stickten. Die Arbeiter hingegen schienen mit den Maschinen und Anlagen, an denen sie arbeiteten, zu verschmelzen.

„Kopf"
1928–1929

Malewitschs Sympathien sind auf der Seite der Bauern.

Das Bild des Bauern im Suprematismus. Bart und Oval des Gesichts sehen aus wie suprematistische Elemente, und die Nase besteht aus geometrischen Formen.

Zeichne Flugzeuge in den Himmel über den Feldern!

Die geometrischen Kleider der Bäuerinnen schimmern in der Sonne als wären sie metallisch. Mit welcher Farbe malst du sie aus?

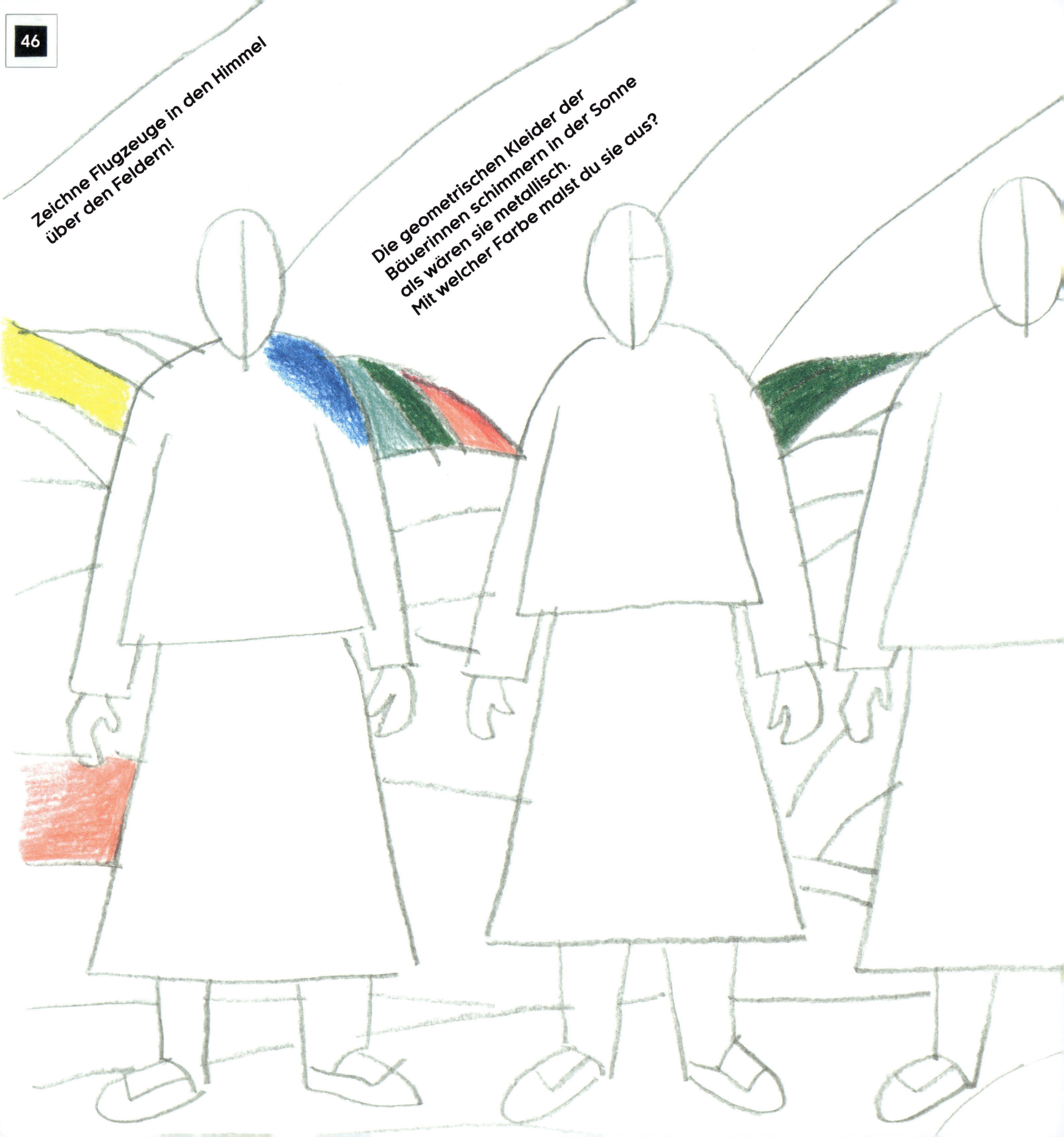

MALE DIE BAUERN AUS

Beobachte, wie das Haar des Mannes im Wind weht.

Ein Mädchen mit einer kurzen Frisur und einzelnen Wimpern – male sie aus.

MALE DIESE GEHEIMNISVOLLE GRENZENLOSE LANDSCHAFT AUS!

In Kasimir Malewitschs Gemälden taucht oft eine grenzenlose Landschaft mit parallel verlaufenden Streifen auf. Was stellen sie dar? Felder, die der Künstler in seiner Kindheit gesehen hat? Oder ist es, als würdest du dich sehr schnell bewegen und alles um dich herum würde zu einfarbigen Bändern verschmelzen?

Es sieht aus als würden Schichten eine nach der anderen übereinander gelegt, geologische Formationen oder gleichzeitige Betrachtung von der Seite und von oben dargestellt.

MALEWITSCHS WÖRTERBUCH

Hast du dir Begriffe gemerkt, die Kasimir Malewitsch erfand? Hier sind einige davon:

SUPREMATISMUS

SCHWERELOSE KUNST

GEGENSTANDSLOSIGKEIT

URELEMENTE

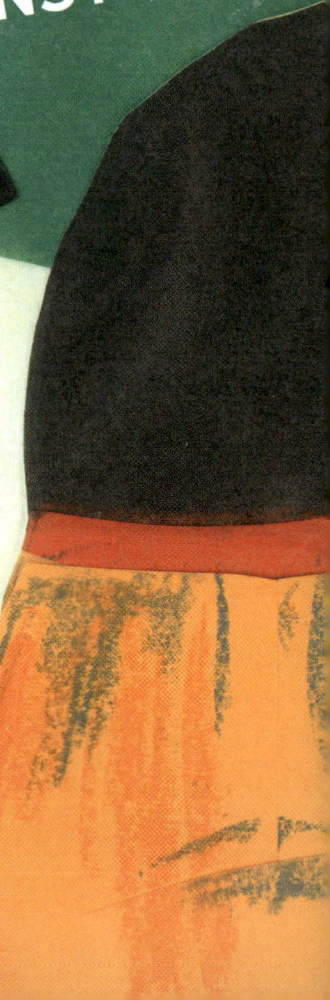

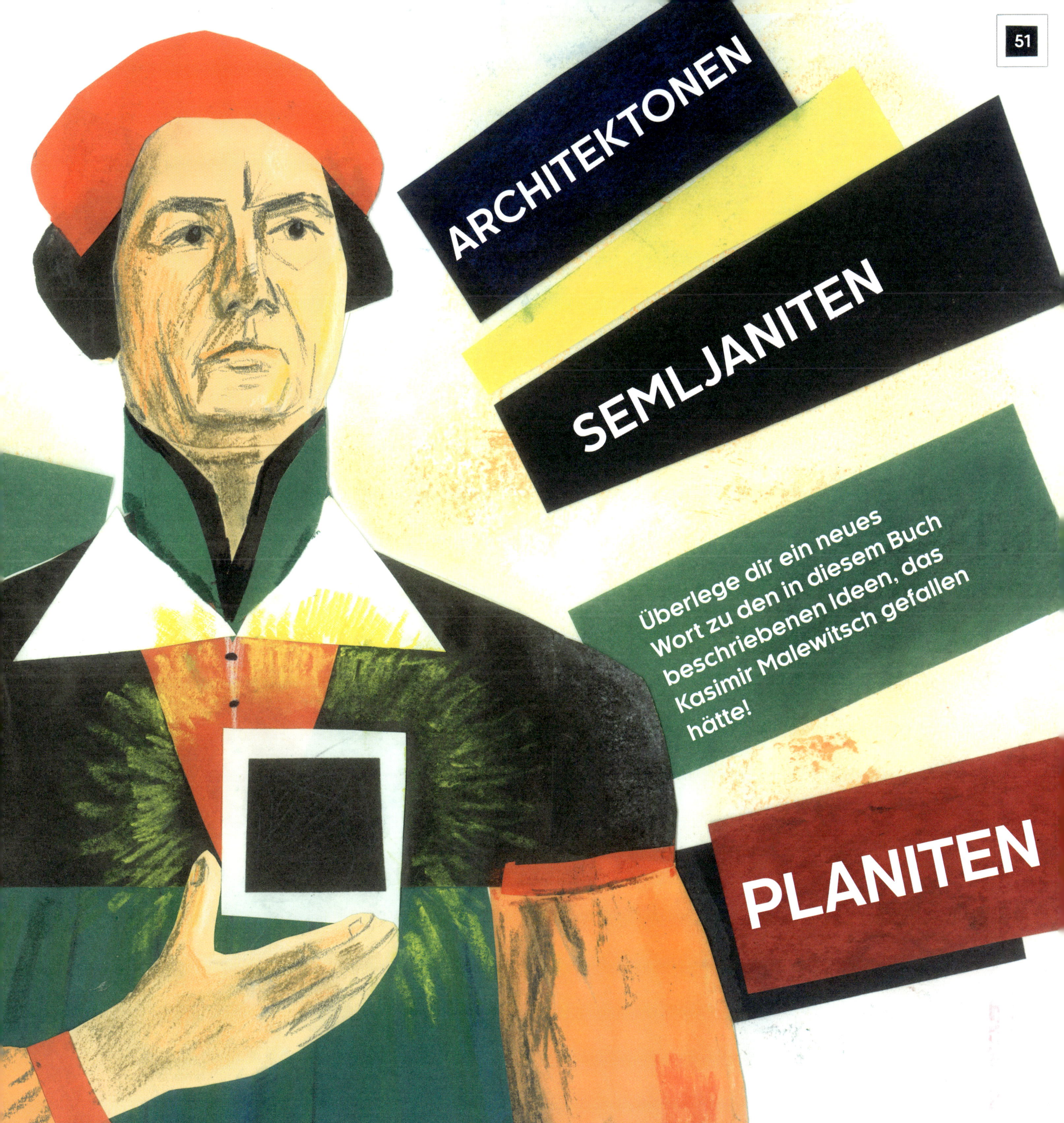
ARCHITEKTONEN
SEMLJANITEN
Überlege dir ein neues Wort zu den in diesem Buch beschriebenen Ideen, das Kasimir Malewitsch gefallen hätte!
PLANITEN

Für die Gestaltung dieses Buches wurden Motive aus folgenden Werken von Kasimir Malewitsch verwendet:

„Selbstporträt", 1933.
Staatliches Russisches Museum, St. Petersburg, Russische Föderation.

Serie von Zeichnungen „Die gegenstandslose Welt", ca. 1927.
Kunstmuseum, Basel, Schweiz.

„Schwarzes Quadrat", 1915.
Staatliche Tretjakow-Galerie, Moskau, Russische Föderation.

„Frauenporträt", 1928–1932.
Staatliches Russisches Museum, St. Petersburg, Russische Föderation.

„Das Mädchen im Dorf", 1928–1929.
Staatliches Russisches Museum, St. Petersburg, Russische Föderation.

„Drei Frauenfiguren", 1928–1932.
Staatliches Russisches Museum, St. Petersburg, Russische Föderation.

„Tischler", 1928–1929.
Staatliches Russisches Museum, St. Petersburg, Russische Föderation.

„Sommerfrischler", 1928–1929.
Staatliches Russisches Museum, St. Petersburg, Russische Föderation.

„Bei der Heuernte", 1929.
Staatliche Tretjakow-Galerie, Moskau, Russische Föderation.

„Mutterschaft", ca. 1931.
Museum Ludwig, Köln, Deutschland.

„Landschaft mit fünf Häusern", 1928–1929.
Staatliches Russisches Museum, St. Petersburg, Russische Föderation.

„Partielle Sonnenfinsternis / Junger Engländer / Engländer in Moskau", 1914.
Das Stedelijk Museum, Amsterdam, Niederlande.

„Selbstporträt", 1910–1911.
Staatliche Tretjakow-Galerie, Moskau, Russische Föderation.

„Auf dem Boulevard", 1903.
Staatliches Russisches Museum, St. Petersburg, Russische Föderation.

„Landschaft mit roten Häusern", 1910–1911.
Kunstmuseum, Basel, Schweiz.

„Auf dem Boulevard", ca. 1911.
Das Stedelijk Museum, Amsterdam, Niederlande.

„Kuh und Geige", 1912–1913.
Staatliches Russisches Museum, St. Petersburg, Russische Föderation.

Skizze zum 5. Bild der Oper „Sieg über die Sonne", 1913.
Staatliches Museum für Theater und Musik, St. Petersburg, Russische Föderation.

Skizzen von Kostümen und Dekorationen für die Oper „Sieg über die Sonne", 1913.
Staatliches Museum für Theater und Musik, St. Petersburg, Russische Föderation.

„Rotes Quadrat. Der malerische Realismus der Bäuerin in zwei Dimensionen", 1915.
Staatliches Russisches Museum, St. Petersburg, Russische Föderation.

„Weiß auf Weiß. Weißes Quadrat", 1917.
Museum of Modern Art, New York, USA.

„Schwarzer Kreis", ca. 1923.
Staatliches Russisches Museum, St. Petersburg, Russische Föderation.

„Schwarzes Quadrat", ca. 1923.
Staatliches Russisches Museum, St. Petersburg, Russische Föderation.

„Schwarzes Kreuz", ca. 1923.
Staatliches Russisches Museum, St. Petersburg, Russische Föderation.

„Suprematismus. Supremus Nr. 56", 1916.
Staatliches Russisches Museum, St. Petersburg, Russische Föderation.

„Selbstporträt in zwei Dimensionen", 1915.
Das Stedelijk Museum, Amsterdam, Niederlande.

„Malerischer Realismus eines Jungen mit Ranzen. Farbmassen in vierter Dimension", 1915.
Museum of Modern Art, New York, USA.

„Weiß auf Weiß. Zersägung einer Konstruktion", 1917.
Das Stedelijk Museum, Amsterdam, Niederlande.

„Weiß auf Weiß. Gefühl der Auflösung", 1917–1918.
Das Stedelijk Museum, Amsterdam, Niederlande.

Teekanne und Tassen. SPM Lomonosov, 1923.
Staatliches Russisches Museum, St. Petersburg, Russische Föderation.

Der erste Stoff der Supremat-Ornamentik, 1919.
Staatliches Russisches Museum, St. Petersburg, Russische Föderation.

„Mädchen mit einem Kamm im Haar", 1932–1933.
Staatliches Russisches Museum, St. Petersburg, Russische Föderation.

Skizzen suprematistischer Kleidung, 1923.
Staatliches Russisches Museum, St. Petersburg, Russische Föderation.

„Frauentorso", 1928–1929.
Staatliches Russisches Museum, St. Petersburg, Russische Föderation.

„Sportler", 1928–1929.
Staatliches Russisches Museum, St. Petersburg, Russische Föderation.

„Torso. Die erste Erschaffung eines neuen Bildes", 1928–1929.
Staatliches Russisches Museum, St. Petersburg, Russische Föderation.

Architektonen „Gotha" und „Alpha", 1923–1930.

„Vertikale suprematistische Konstruktion", 1920er.
Das Stedelijk Museum, Amsterdam, Niederlande.

„Planit für einen Piloten", 1924.
Museum of Modern Art, New York, USA.

„Ernte", 1928–1932.
Staatliches Russisches Museum, St. Petersburg, Russische Föderation.

„Mädchen auf dem Feld", 1928–1932.
Staatliches Russisches Museum, St. Petersburg, Russische Föderation.

„Kopf", 1928–1929.
Staatliches Russisches Museum, St. Petersburg, Russische Föderation.

„Kopf des Bauern", 1928–1929.
Staatliches Russisches Museum, St. Petersburg, Russische Föderation.

„Der Mann, der läuft", 1930–1931.
Le Musée national d'Art moderne - Le Centre Georges Pompidou, Paris, Frankreich.

„Rote Kavallerie", 1928–1932.
Staatliches Russisches Museum, St. Petersburg, Russische Föderation.

„Gelbe Fläche in Auflösung", 1917.
Das Stedelijk Museum, Amsterdam, Niederlande.

Du kannst die Arbeit des Künstlers weiter selbständig studieren und diese Gemälde in Reproduktionen finden oder sogar die Originale in Museen oder Ausstellungen sehen.

In der Ukraine ist das Werk „Suprematismus 65" im Kunsthistorischen Museum in Parchomiwka in der Region Charkiw ausgestellt.

EIN ORT FÜR DEINE KREATIVITÄT

EIN ORT FÜR DEINE KREATIVITÄT

Kasimir Sewerinowitsch Malewitsch

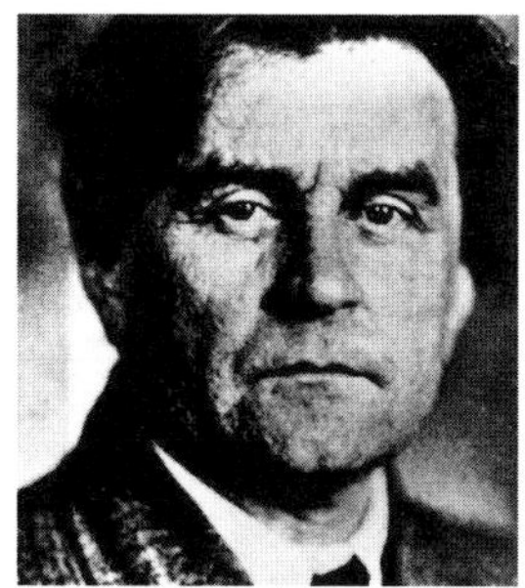

wurde 1879 als ältester Sohn polnischer Eltern im ukrainischen Kiew geboren. Erst als Jugendlicher kam er auf dem Lande in Berührung mit Malerei und Kunst. Als Autodidakt fand er einige Gleichgesinnte. Malewitsch war ein Maler und Wegbereiter des Konstruktivismus und Begründer des Suprematismus. Beeinflusst wurde er vom Spätimpressionismus, vom Fauvismus und vom Kubismus. Sein abstraktes suprematistisches Gemälde *Das schwarze Quadrat auf weißem Grund* aus dem Jahr 1915 gilt als ein Meilenstein der Malerei und „Ikone der Moderne".

Oksana Sadovenko

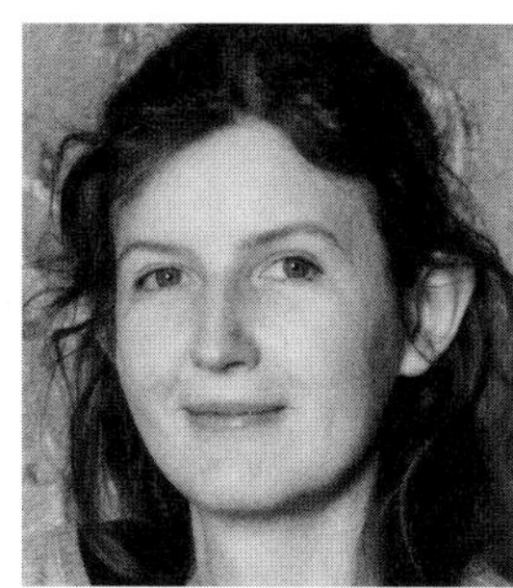

ist eine junge ukrainische Künstlerin, Malerin, Lehrerin und Meisterin der Nationalen Akademie der Schönen Künste und Architektur in Kiew. Sie konzipiert und lehrt dort den Kurs über die Geschichte der klassischen Weltkunst. Sadovenko hält Vorträge und leitet Meisterkurse für ein Publikum aller Altersgruppen, da sie über große Erfahrung im praktischen Unterricht in verschiedenen künstlerischen Techniken verfügt.

Malewitsch und du ist ihr erstes Buch, das bereits mit der dem Staatspreis *Lesya Ukrainka* 2022 und der *Bronzenen Eule* beim Veenbookfest – 2021" (Buchfestival in Winnyzja) ausgezeichnet wurde.

1. Auflage, 2023

Die ukrainische Originalausgabe erschien 2021 unter dem Titel **Ти і Малевич** beim Verlag *Chas Maistriv*, Kyjiw, Ukraine.
Die deutschsprachige Ausgabe wurde in Übereinkunft mit dem Verlag *Chas Maistriv* verlegt.

Text und Illustration © 2021 Oksana Sadovenko, Ukraine
Text und Konzept unter Mitwirkung von Oleg Symonenko, Ukraine
Übersetzung: Dr. Roman Osadchuk, Leipzig
Lektorat: Gabriela Bracklo, Birkenwerder
Grafik: Stefanie Stroh, Stuttgart
Produktion: Unisoft Book Factory, Charkiw, Ukraine | Printed in Ukraine

ISBN 978-3-946986-18-8
www.edition-bracklo.de

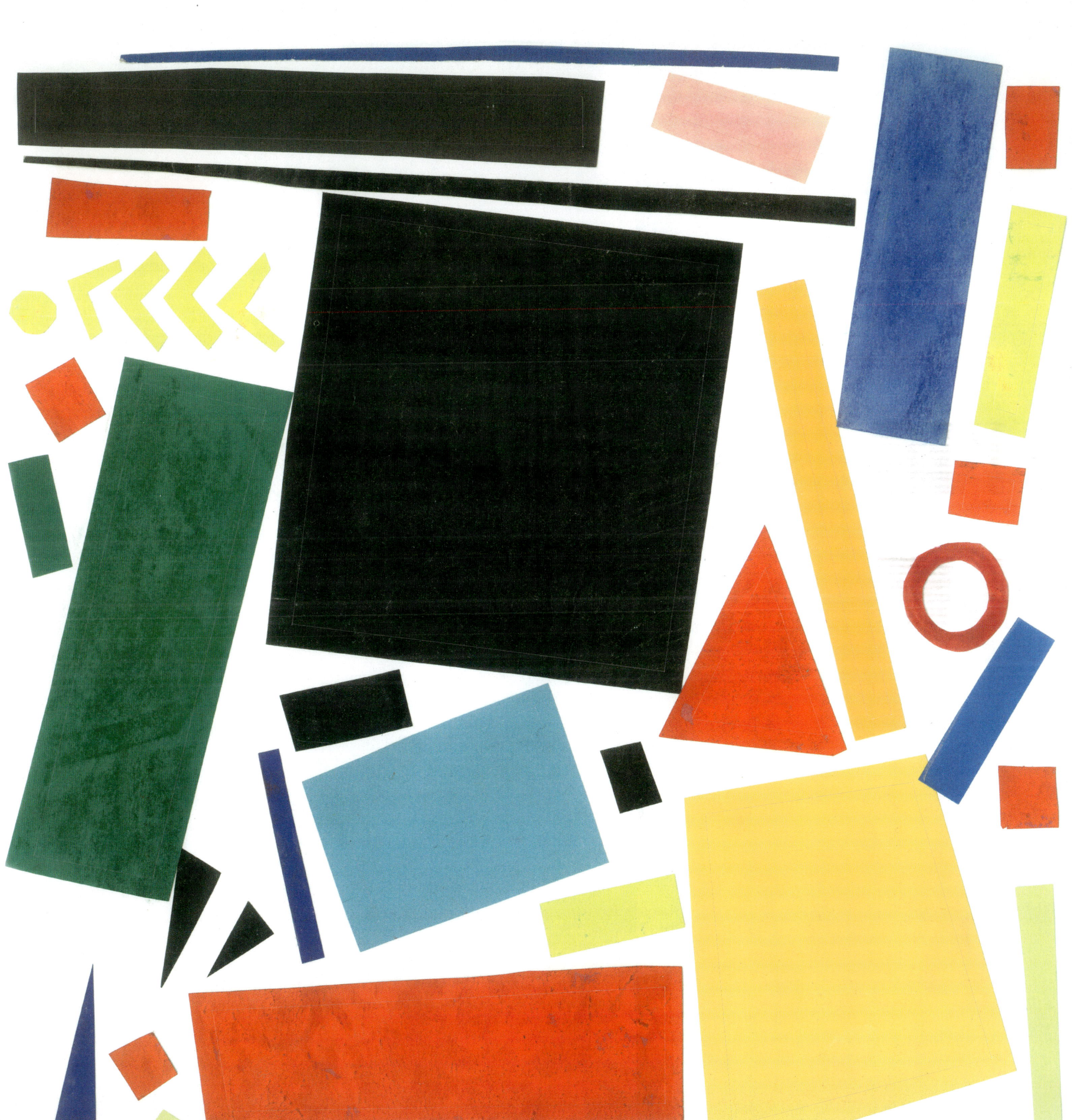

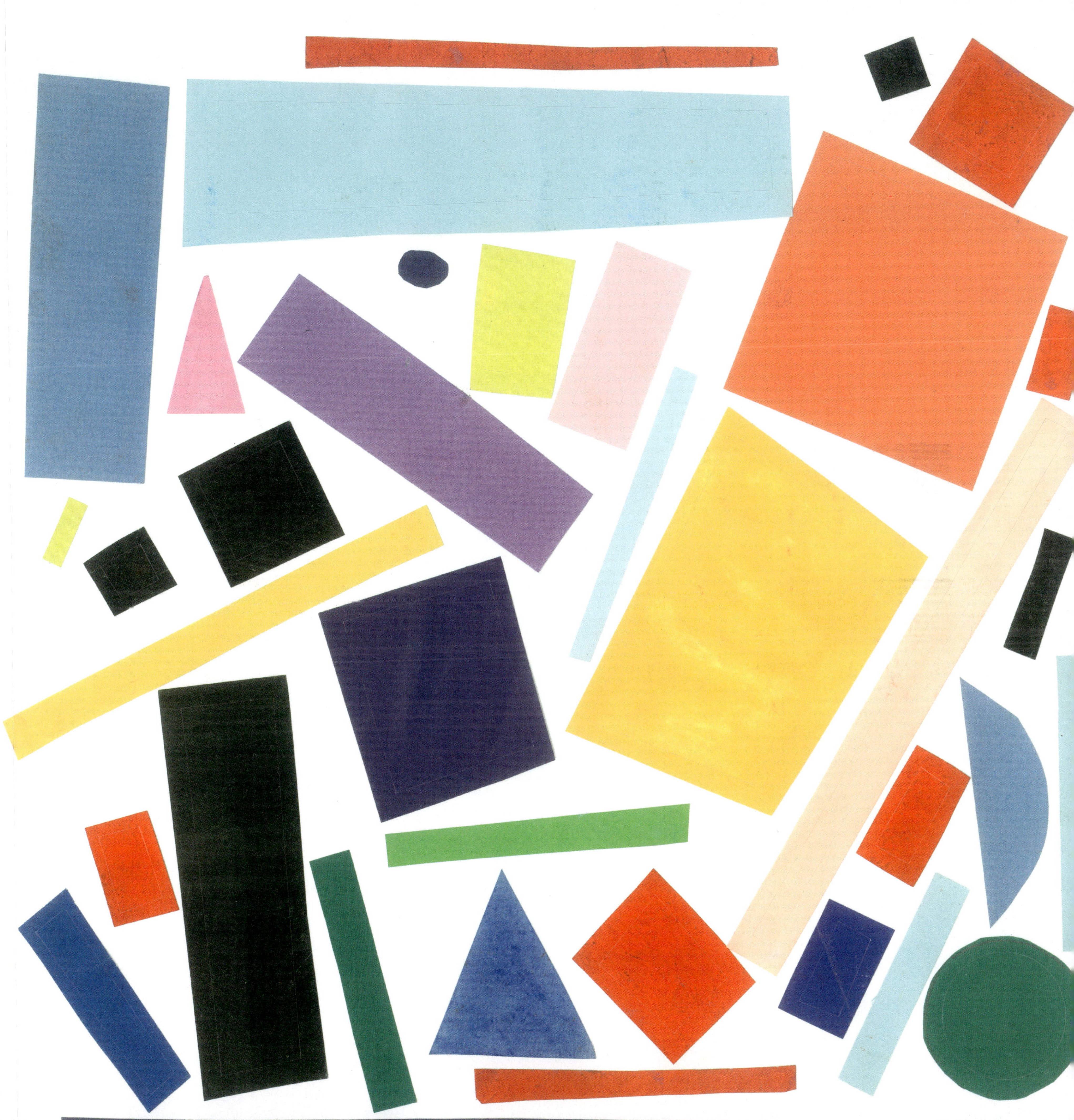